女人的成熟

比成功更重要

李玲瑶 著

清华大学出版社

北京

图书在版编目（CIP）数据

女人的成熟比成功更重要 / 李玲瑶著. -- 北京 :清华大学出版社, 2016(2023.7 重印)
（陪你读书）
ISBN 978-7-302-44748-1

Ⅰ. ①女… Ⅱ. ①李… Ⅲ. ①女性 - 成功心理 - 通俗读物 Ⅳ. ①B848.4-49

中国版本图书馆CIP数据核字（2016）第180662号

责任编辑：周　菁　王如月
封面设计：平　平
责任校对：王荣静
责任印制：朱雨萌

出版发行：清华大学出版社
　　　　网　　　址：http://www.tup.com.cn，http://www.wqbook.com
　　　　地　　　址：北京清华大学学研大厦A座　　邮　　编：100084
　　　　社 总 机：010-83470000　　　　　　邮　　购：010-62786544
　　　　投稿与读者服务：010-62776969，c-service@tup.tsinghua.edu.cn
　　　　质 量 反 馈：010-62772015，zhiliang@tup.tsinghua.edu.cn
印 装 者：三河市龙大印装有限公司
经　　销：全国新华书店
开　　本：160mm×230mm　　印　　张：18　　字　　数：240千字
版　　次：2016年10月第1版　　印　　次：2023年7月第19次印刷
定　　价：39.80元

产品编号：067649-01

教育一个男人，是教育一个人；而教育一个女人，是教育一个家庭，教育三代人，也就是教育一个民族。所以，教育女人，比教育男人更重要！而且，男人很难自学成才，都需要女人的调教；所以，女人的成长与成熟，决定了男人的至高点与孩子的起始点。

过去的14年里，我在清华大学、北京大学等高校的MBA班、EMBA班、总裁班讲授国际金融方面的专业课程，也穿插讲授一些女性修养的课，这些课程均受到学生们的高度肯定。经常我在讲完两天的女性修养课程后，学生们都站起来长时间报以热烈的掌声，甚至有女同学走到前面来，眼泪汪汪地对我说："李老师，如果前几年我就能听到您的课，我的人生就不会是现在这样了！"也有学生说："李老师，能让我拥抱您一下吗？我真是太感谢您了，长这么大，没有人教过我怎么当女人，怎么为人妻、为人母，我今天终于懂了，非常感谢您！"诸多学生真诚坦率的告白令我激动不已。

经常往返于中美两国，我所看到的中国女性的成长是迅速的、跨越式的！改革开放之后，很多女性在各行各业脱颖而出，取得不俗的成绩。但不容否认的是，国内的传统教育注重的是知识的传授和技能的培养，而忽略了对女性的素质教育，尤其是淡化了受教育者性别角色的特质。

不同性别的人在行为模式、形象和性格上都有不同的特质和评价标准。但在过去很长一段时间，不仅整个社会疏忽了，连女性自己也疏忽了这些。不少女人在事业上硕果累累，付出的却是惨痛的代价——离婚，这成了不少"女强人"的切肤之痛。

社会的进步使中国女性获得了与男人同等的竞争机会，可是我看到有的女性不甘人后，争强好胜，锋芒毕露，将自己的性别异化，完全失去女人特有的宽容柔美的品质。这种个性在职场中也许尚可，在婚恋中却屡屡碰壁，男人唯恐避之不及。看得越多，我越发觉得：专业知识或专业技术可能使你获得成功，获得某种满足感，但不一定让你拥有平和、宁静、成熟的心智，让你过上幸福的生活。

近几年，通过微信公众平台向我咨询的年轻朋友越来越多，有一个问题很突出：中国很多年轻人缺乏对婚恋的理性认识，不知道如何找伴侣，不晓得怎样谈恋爱，更不敬畏婚姻的神圣性。有的情侣交往时间不长就结婚，婚后一有矛盾就离婚，闪婚闪离的不在少数，给人生造成了很多伤痛和遗憾……我想告诉适婚男女一个观念：年轻人应该在恋爱中成长与成熟，而不要直接在婚姻中试错，后者付出的代价太大了。

选择伴侣是很关键的。我赞成"婚前选择、婚后不选择"的择偶方式及态度，婚前多交往几位异性不是坏事（注意，不是指同时交往），选定一个最适合的人走进婚姻，婚后忠于伴侣。

我发现一些年轻人婚前不主动、不选择，对自己的终身幸福缺乏明确的想法。他们要么对一段不甚满意的关系当断不断，要么对一个不太理想的对象若即若离。有些女性不懂得保护自己，未婚先孕，将自己陷入非常被动的局面。还有很多女性朋友则是蹉跎到一定岁数，在父母和社会的压力下匆匆结婚，走进围城后，才发现两个人在价值观、个性和性格、生活习惯等诸多方面都不匹配，于是开始"婚后选择"，如出轨，造成了很多情感的伤痛，甚至酿成婚姻悲剧。

因此，婚前一定要搞清楚对方和自己的内在需求，对彼此的个性特征、思维观念、价值观、人生目标、原生家庭等差异都有充分了解。同时，两人至少交往两三年，经历了恋爱蜜月期，彼此深刻理解对方。清楚地知道，不仅是对方的优点吸引你，缺点你也能包容，这时的选择才是趋于理智的。结婚不是要趁早，结婚对象一定要选择好；不是选最好的，而要选最适合的。这些道理不要等到婚后再明白，不要让事实教育自己，婚姻大事上摔跟头是很惨痛的教训。也是基于对青年男女的关怀，让他们少走弯路，我特别在此书中多次强调这些观点。希望女性朋友透过这本书有意识地学习，获得间接经验，使自己尽快成熟起来。

那么什么是成熟？我从知名作家余秋雨的著作《山居笔记》中受到启发，将"成熟"理解为：处变不惊的从容，胸有成竹的大气，与世无争的淡泊，游刃有余的厚实。我认为成熟不一定与年龄有关，就如同智慧不一定与智商有关，幸福不一定与金钱有关一样。成熟需要长时间的自我修炼和岁月的熏陶，它需要学习的积累与高情商的培养。

要想事业成功，或许主导权不全在自己手中；但要使自己心智成熟，就全看自己的修炼了。事业成功固然能获得别人的尊敬，但是一个心智成熟的人，处理事务圆通周到，更能赢得朋友的称赞与肯定。成功带来的，可能只是物质上的财富；成熟带来的，却是精神上的丰厚。所以女人不要急于追求事业成功，应先追求心智成熟。成熟会带领家庭与事业走向成功，而成功若没有成熟人格作为基石，也终将难以持久。一个心智成熟的女人会把爱、信念和美好传递给他人，在家中使孩子健康成长，丈夫积极奋发，家庭和睦温馨，在职场中受人欢迎。

我希望借由这本书，能够与女性朋友们分享一些知识与经验，在共同学习之后，能有效地优化、美化和柔化女性的心灵，为女性的生活补充养分，为生命补充钙质。期待女性朋友们都能拥有靓丽的仪表、优雅的谈吐、高贵的气质和丰富的内涵。对内能够成功地教养孩子、经营家庭；对外能够圆融地开拓事业，建构和谐的人际关系。常保持一颗积极、上进、乐观的心，在遇到困难和挫折时，能够有足够的勇气与智慧面对；在获得成功时，能够惜福、感恩和分享。

本书最终能够顺利出版，需要感谢很多人。感谢我在祖国大陆的女友孙爽，她帮我整理及增添了一些内容；感谢我从美国艺术学院毕业现正在读MBA的儿子胡平平，书中的插画是他的杰作，他用行动表达了对妈妈的支持和鼓励。还有我的年轻女友赵轩艺在插图中也给予了帮助。最后，我要特别感谢我的先生胡公明博士，多年来我为了自己热爱的教育事业，长年居住在国内，疏忽了对他的照顾，而他一直以我能最大限度地发挥自己而骄傲——这份理解令我感动和珍惜！多年来我的学生一直是我上进的推动力，在此特奉上一份由衷的谢意。

　　希望本书能带给你阅读的愉悦和思想的共鸣。

Contents 目·录

Chapter 1
读懂男人，开启亲密之旅

男人感兴趣的是女人，女人看重的却是情感；男人在爱情过程中注重的是性的感觉，而女人在爱情过程中注重的是情的体会。

Chapter 2
Mr．Right，你选对了吗?

年轻人应该在恋爱中成长，不要直接在婚姻中试错。结婚不是要趁早，伴侣选对最重要。适合你的他，一定要在精神层面"门当户对"，选择价值观接近的人做终身伴侣。

Chapter *3*

成熟的爱让婚姻更美满

爱情是存款，婚姻是银行，别等到婚姻危机时才想起开账户。没有十全十美的婚姻，美满的婚姻一定都是经营出来的。

Contents
目·录

Chapter 6

在婚姻中为自己留一片天空

人生应该有许多支点，把生命的重量全部放在爱情、婚姻或家庭中，是十分危险的。懂得爱自己才是人生第一课。走出认知上的误区，做个有追求的现代女性。

Chapter 7

内外兼修成就魅力女人

教育是最好的投资，培训是最好的福利，知识是最好的礼物。生命真正的衰退，不在于生出了白发和皱纹，而是停止了学习与进取。

Chapter 8

智慧女人的六项修炼

智慧女人并不是碰不到问题，而是不会被问题难倒。
她们能直面困境，在进退之间做出优雅的抉择。

Chapter 9

拿什么行走职场

成熟女人在职场上常常能认清自己的位置，不会错
误地认为自己是不可取代的，但会努力让自己成为
不可或缺的。

Chapter 10
女人善理财更旺夫

女人自我成长的方法就是要多充实自己的脑袋和口袋，宁可口袋空空，也不能脑袋空空。心中无缺叫"富"，被人需要叫"贵"。

Chapter *1*

读懂男人，
开启亲密之旅

男人感兴趣的是女人，女人看重的却是情感；
男人在爱情过程中注重的是性的感觉，
而女人在爱情过程中注重的是情的体会。

男人通过眼睛谈恋爱，女人透过耳朵谈恋爱。男人如火，灼热炽烈，一点就着，一吹就灭；女人如水，使水温上升需要一段时间，让高温的水冷却，也需要较长的时间。因此，男人把性、爱及婚姻分开来考虑，女人把爱、性、婚姻看成一个序列。

有一段夫妻之间的对话很有意思。丈夫问："为什么上帝把你们女人造得如此美丽却又如此愚蠢呢？"妻子回答："上帝把我们造得美丽，所以你们才会爱我们；把我们造得愚蠢，所以我们才会爱你们。"

这虽然是一则笑话，却也有几分道理。我们常常见到那些对男人一知半解的女人，婚姻之路相对平坦，不用费太大周章便可寻得意中人；倒是那些对男人了解非常透彻的女人，很难找到自己的Mr.Right，时间一拖就成了"老女人"。

女人和男人不一样。男人通过眼睛谈恋爱，看到美丽的女人就容易心动；女人透过耳朵谈恋爱，贴心温暖的话语很容易将她们打动。所以有人说："会说话的男人容易找到老婆。"也有人戏言："幸运的女人找到一个大骗子，骗她一辈子；不幸的女人找到一个小骗子，骗她一阵子。"话虽然这样说，提高对异性的认识还是十分必要的，只有认可两性之间的不同，对男人有一定的认识，才能使我们在两性相处问题上更加得心应手，更加和谐圆融。

男人如火，女人如水

"我们一直忘了要搭一座桥，到对方的心底瞧一瞧，体会彼此什么才最需要，别再寂寞地拥抱！"莫文蔚的这首《电台情歌》，唱出了很多人的心声：的确，我们每天与伴侣拥抱、亲吻，度过漫长的时光，却很少真正思考什么才是他（她）最需要的，彼此间并没有一座直达内心的桥。

一般来讲，男人偏理性，行事果断、干脆、大气，立体思维较出色，重行动而不善言辞，但粗枝大叶，不拘小节。相比之下，女人则细腻得多，偏感性，重情感，善用语言表达。

女人擅用语言表达情绪和感受，这与其大脑结构的特点有关。专家发现：女性拥有更多的雌激素和后叶催产素，这两种化学物质可促进左额叶语言能力的发展。男性由于血液中的后叶催产素含量较少，大脑对语言的重视度不高，导致男性的表达能力普遍不如女性。

因为两性之间存在这些差异，在男人看来，女人比较爱唠叨，容易吹毛求疵、感情用事、情绪化，易迁怒别人；而女人喜欢说反话，更令男人头疼不已，觉得女人很难琢磨。

因此，西方人认为男人比较简单，女人比较复杂——上帝先创造男人，而后创造更为精致的女人。现实的婚姻生活是琐碎的，很多事情让粗线条的男人难以应付，也因此更凸显女人这一角色的不可或缺。

女人依赖性较强，她们常喜欢结伴而行。女人执着，情感忠诚度较高。大多数女人会将内心的感受表达出来，无论开心还是不满，幸福或者痛苦，她们都会把情感写在脸上。心情不好时，女人通常选择向闺蜜倾诉，排解苦闷，宣泄情感。当情绪糟到极点时，女人撒娇、哭闹，甚至大吵大闹似乎也是很正常的事。

相形之下，男人要平静内敛得多。他们坚强、独立的特质不允许其轻易表露内心世界。实际上，男人的坚强只是表面的，他们的心理承受能力并不比女人强多少，有的甚至比女人更为脆弱。只是因为男人自尊心强、爱面子，再加上肩上责任重，所以他们通常选择独自面对孤独，忍受艰辛，克制不满，压抑苦闷，漠视内心的感受——再怎么辛苦，也不愿告诉别人自己的挫败或不幸。男人不太习惯向别人讲心里话，久而久之就形成一种压力。男人的平均寿命比女人短，恐怕其中就有压力过大的原因吧。

如果说女人的烦恼常来自男人，那么男人的烦恼则源于自身，这是社会赋予男性角色的特征使然。社会对男人的期望值更高，要求他们承担的责任更大。为此，韩国情感专家南仁淑曾经说过："女人需要带着一种同情的眼光来看待男性。如果你不对他抱有怨恨心，而是以同情心看待他的话，男人就不会做出让你怨恨他的行为。"

女性和男性对待困难的态度也不一样，其差异性从婴幼儿时期就很明显。曾有专家做过试验：把几个一岁多的幼童放在房间里，男孩女孩数量各一半，房间中间以玻璃门相隔，他们的母亲在房间的另一侧。当孩子们蹒跚着扑向各自的母亲时，纷纷被玻璃门挡住。这时候，大多数男孩开始千方百计找办法突围，女孩则大多坐到地上哭起来。这个试验表明：女性遇到困难时，往往第一反应是情绪的表达，且希望得到援助；男性则首先采取行动以实现愿望。

在女人的世界里，缺少了男人就缺少了阳光和激情；在男人的世界中，缺少了女人则缺少了色彩与美丽。只有女人和男人共同存在，社会才变得多姿多彩。男人阳刚，女人阴柔。男人因为阳刚、属外向型的特质，所以他们才更依赖和需要温柔、优雅、充满母性温暖的女人。

阳代表男人的精神，阴代表女性的灵魂。中国的太极图就是用阴阳来表示，阴阳相抱，形成一个完美的圆。有人说男人像方钉，女人像圆钉。很自然地，女人在圆形的孔里会更舒适，而男人更适合待在方形孔里。在婚姻里，当女人带着她的阴柔和男人的阳刚相结合时，两人都会觉得舒适自在。

有人形容男人如火，灼热炽烈，一点就着，一吹就灭。男人的情绪特点确实和火有几分相像：火来势汹汹，看似势不可挡，但时间不会持续很久，只要找到适当的方法，就可以让大火瞬时熄灭；男人发起脾气来，同样气势汹汹，有时令人难以接受，但只要把握了男人的特点，就可以令他发不起脾气来或有了脾气也会很快消解掉。

同样，男人激情如火，欲望如火。有人称，风情万种的女人是打火机，可以点燃男人的欲望，是男人生活斗志的火源；不解风情的女人是灭火器，只能浇灭男人的欲望，令男人感到索然无味。

男人的生理特点使他们可以把性、爱及婚姻分开来考虑。即使他们很爱自己的妻子，但当妻子不在身边时，也有可能因为难抵诱惑，去寻找刺激，与其他女人发生性关系，甚至以金钱去交换性。女人认为这种做法不可理喻，但男人天生喜欢追逐新鲜的猎物，而只要碰到让自己心动的女人，则很容易逾矩。

女人如水。使水温上升需要一段时间，同样，若让高温的水冷却下来，也需要较长一段时间。用这来形容女人对于情感的态度十分贴切：她们不会轻易产生感情，而一旦对异性产生了情感，让其舍弃亦是困难的事情。

女人把爱、性、婚姻看成一个序列，她们对于没有好感的人，不会轻易与其发生性关系。女人只有对一个男人产生足够的爱，才会考虑和他组建家庭、发生关系。一些女人如果遇到了情感炽热的男人，很容易被他的激情所诱惑，而一旦发生了性行为，她就会在内心暗示自己"他爱我，他需要我，我们要一生相守"，这就说明女人是把性和爱看作一体的。

好男人若高山，好女人像大海

好男人如山。一些用来形容山的词汇，如"伟岸""雄浑"等，常被人们用来形容男人的体貌和性格。同样是山，有些不一定峻峭高耸，却仍让人仰止，仍可以依靠。同样，有些男人也许事业平平、其貌不扬，但他们有强烈的责任感，家中有他们，女人就感到安心和踏实，天塌下来也不用担心。因此，好男人就像山一样，给人一种朴实厚重的感觉，让女人安心。

好女人像海。老子说："上善若水，水善利万物而不争……夫唯不争，故无尤。"意思是说，最善者的品行，就像水一样，可以滋养与造福万物，却从不和万物发生争执。就是因为这种不争的性格，所以水心中没有任何怨恨，它能够"随物赋形"（放在什么容器里，它就是什么形状），水能够"处众人之所恶"（甘居众人所厌恶的污浊地方，如臭水沟）。水无声地滋养万物，具有宽广的胸怀，能够随环境融合变化，它虽然随和、柔软，却有着无坚不摧的力量——"涓涓水滴，终将贯穿铁石"。好女人就像海一样，外柔内刚、胸怀宽广，虽不与人争，却能够实现自己的梦想，用内涵和坚持达成所愿。

我的一位女友前不久开了个派对，庆贺她和丈夫结婚30周年。我问她："你对这30年婚姻有何感悟？你们在这30年中有过争吵吗？争吵之后你们怎样和解？"她回答说："当然会有争吵，但我从来不跟他发生正面冲突。我示弱，不示强，以柔克刚。虽然表面上看起来我默不作声，似乎是以失败告终，但最后他还是会考虑我的意见，而且，我赢得了结婚30周年这份最大的礼物，难道不能证明我是婚姻中的赢家吗？"

示弱就是当你受到伤害时向丈夫坦白你的痛苦和不安，而不是用怒气掩盖它。妻子在丈夫面前示弱有时是一种自我保护的手段，容易激起丈夫的男子汉气概，使他相信你需要他。

所以，"好女人"不意味着逆来顺受，不意味着委曲求全；"好女人"意味着以柔克刚，柔情似水。故好女人不仅要柔情似水，还要像大海那样包容、宽厚。总之，做好女人、做好男人都需要许多智慧，这智慧看似复杂，实则简单。一句话："阳刚者尽显阳刚，温柔者尽展温柔。"

男人重性，女人重情

有句话说："热恋中的人智商为零！"的确，爱情常使人变得盲目，但千万不要以为爱情在男人和女人眼中是一个模样，要知道，两性关系中，男人和女人所关注的内容完全不同，彼此有着天壤之别。男人感兴趣的是女人，而女人看重的却是情感；男人在爱情中追求的是性的感觉，而女人在爱情中注重的是情的体会。

据了解，男人的睾丸激素水平是女人的六倍，因此男人更容易冲动。所有男人都容易被美女吸引也是这个道理。一旦遇到喜欢的女人，男人会因为性的冲动希望占有和得到对方，甚至用性去证明归属权。因此，男人无法忍受情侣或配偶肉体上的出轨。

相对而言，女人则更在意男人情感上的背叛，没有什么比发觉对方移情别恋更令她们难过的了。而且，正是因为注重情感，女人大都喜欢被追求的感觉，被所爱的男人追求越久、越猛烈，她们获得的幸福感越强。有的女人会故意制造一些小麻烦来考验对方，希望追逐过程变得曲折些、复杂些，以此来体会被追求、被珍视、被关注的喜悦，品尝被爱的幸福滋味。

由此看来，同样的爱情、婚姻，在男人和女人脑海中拥有不同的概念。男人的征服欲、领导欲、扩张欲和占有欲均比女人强。一些男人追求美丽的女人，很大程度上是为了满足其虚荣心与征服欲，以此来显示自己的能力。但男人同时又是理性动物，没有人愿意娶一个华而不实的"花瓶"回家，贤良淑德自古就是男人娶妻的首要条件。男人喜欢迎接挑战，成功、成就、财富和地位被绝大多数男人设置为人生目标。在男人眼里，友情有时候要高于爱情，这是因为他们可以通过友情获取更多的社会资源，扩大社会网络，获得事业上的成功。

男人最难忍受别人，尤其是女人的轻视，最希望看到异性肯定甚至崇拜的目光。当男人和欣赏自己的女人一起生活时，由于经常得到肯定和鼓励，自信心倍增，他们每天都会充满动力地到外面打拼，一旦成功，内心将获得极大的幸福感和满足感。

与此不同，女人的幸福感和满足感则主要通过家庭来获取。绝大多数女人把家庭放在首要位置，在丈夫和孩子身上倾注大量心血，她们渴望丈夫事业成功，孩子学业顺利，而对自身获得社会认可的愿望反而相对较低。女人渴望得到真正的关怀和重视，她们希望伴侣能够欣赏到自己的美，分享自己的感受，男人的关心、体贴和理解是她们最大的情感需要，一旦得到就会觉得所付出的一切都是值得的。

爱情像鼠标，婚姻则像键盘。鼠标一点就通，当两个人充满激情的时候，或许一个眼神的交流都能使对方心动。婚姻则不一样，键盘需要用不同的手指、固定的规则才能谱写出美妙的乐章。所以，婚姻比爱情更加复杂玄妙。

有人说女人像茶包，没放入开水前，你永远不知道她有多浓；女人又像一部读不厌的书，会给男人带来无尽遐想。不论是茶包的香浓，抑或书的隽永，说的都是一个道理：在没参透爱情和婚姻的规则前，女人，你永远不懂。

男人需要被尊重，女人需要被关爱

男人需要被尊重，女人需要被关爱，婚姻幸福的人对此深有体会，并将其奉为婚姻经营的准则之一。但真正懂得这一点的夫妻并不多，他们一厢情愿地以自己的方式和对方相处，却很少考虑所给予的是不是对方需要的，结果往往事与愿违。

女人的成熟
比成功更重要

美国一位婚姻研究学者曾对400位男士做过调查，让他们在以下两个选项中选择：

A. 独自一人，这个世界上没有人爱他。

B. 有人爱他，但每个人都不尊重他。

调查结果是，这些男人中有3／4选择没人爱他的世界。一些男人更直接地表示："我宁愿娶一位尊重我但不爱我的妻子，也不愿意跟一位爱我但不尊重我的妻子生活。"而相同的调查内容，女人的答案完全不同，如果一个妻子得知丈夫"尊重她但不爱她"，会觉得备受伤害。

> 尊重丈夫就意味着不过度批评他，不侮辱他，当然也不嘲笑他。男人拼命在外工作，为的就是得到妻子的尊重。在生活中，如果你冒犯了对方，那么找一个适当机会及时道歉，以设法挽救过失，让他知道你后悔做了那些事。"道歉从没有让我感到丢人"，这是丘吉尔说过的话，有一定道理。对于一个男人来说，你尊重他越多，他就会为你做得越多。

尊重是一个男人最深层次的价值需求。在婚姻中，妻子并不需要通过命令达到自己的目的，只要给予丈夫足够的欣赏、尊重、感谢，他们便会乐于帮忙——这是男人的天性使然，被所爱的人尊重、肯定，是他们动力的源泉。男人在外打拼，需要社会对他的肯定来证明他存在的价值。家中的女人应不时地肯定他，鼓励他，赞赏他，尊重他，使他的大丈夫气概强大起来。当男人在外面遇到困难和挫折时，他会因为这份支持极力扛住压力，并且不断对自己说，"为了家中的女人和孩子，我要克服所有的困难。"

　　与男人不同，女人最需要的是被关爱。现代社会里，女人和男人一样也要投身激烈的职场竞争中，工作强度和男性几乎没什么分别。回到家里还要料理家务，照顾孩子和长辈的起居，就好像一根两头烧的蜡烛，真是忙碌又辛苦。在这种情况下，如果做丈夫的能体会妻子的辛劳，常说些贴心安慰的话，做妻子的就会觉得一切付出都是值得的，哪怕为家庭做再大的牺牲都心甘情愿。

　　因此，要想家庭和谐幸福，我总结一句最简单的生活感言，那就是：妻子要对丈夫真诚赞赏，老公要对老婆呵护欣赏，对孩子要鼓励使之健康成长，对老人要尊敬和赡养。只要做到这几点，家庭就能时时充满欢声笑语了。

好男人是夸出来的

　　人类生来就是群居动物，人性最深切的渴望之一，即得到群体的欣赏。异性的赞美有助于保持种族DNA的延续，使人类在恶劣的自然环境下得以生存。时代更迭，这种人类本能并未离我们远去。

　　就像小孩总喜欢夸张事实，为的就是得到大人的赞扬一样，男人也希望得到赞美、肯定，希望被异性鼓励与欣赏。事实上，赞美也确实有着一种不可思议的推动力量。

　　在我年轻的时候，我的先生总是不喜欢理发。我当然希望自己的另一半帅气潇洒，于是我常按捺不住，频繁地催促他："头发都这么长了，太难看了，快去理发吧！"遗憾的是，他有时并不为所动，或是被催急了不情愿地出去理了。现在我常用另外一种方式说服他："你知道吗？每次你理发之后都显得特别精神、特别年轻，赶快去理发吧！"我

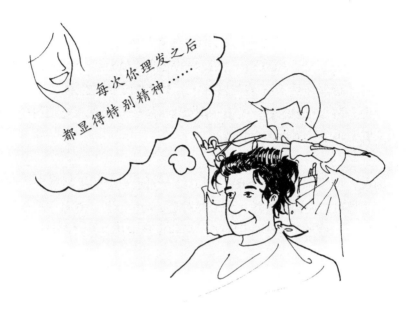

每次你理发之后……都显得特别精神……

的目的和原来一样，只是方式变了，结果是我的先生每次都高高兴兴地跑去理发，我们两个人都很开心。

分析一下，在第二种方式中，除了语气的改变，最重要的是我用了鼓励、赞美的方法。而第一种则是以责备、埋怨、不认可的态度交流，自然二者收效迥异。

我们的文化传统告诉我们随时要自省，但生活中，我们却习惯挑剔他人。也许在友情维系中我们常用赞美的话语，却吝啬将赞美给予我们最亲近的人。试想一下，如果一个女人对一个男人这样称赞："我这辈子就佩服两个人，一个是李嘉诚，另一个就是你！"估计这样的赞美没有人不会为之动容，因为你强调了对方的价值。当然，赞美的核心是要真诚。

现实中，我们的丈夫似乎总有地方让我们不满意，比如不浪漫、不爱运动、不喜欢和我们聊天、对我们不够体贴等。然而，我们是否因此就有理由变成怨妇，每天唠叨、抱怨？假如有一天，丈夫回家时顺手买了生活用品，请不妨就此夸奖他一下，告诉他，他的行为让你很开心，让你感到了体贴和爱。"和以前比起来，你真是越来越体贴了。"这样的称赞对男人是一种激励，他会记住你的感受。"原来这么简单太太就会满意，看来以后要多买几回，让她更开心。"好男人是夸出来的。赞扬、鼓励的方式会表达出你的真实想法，鞭策男人向你希望的方向前进。

对于男人来说，他们只在恋爱阶段愿意花精力去猜女人的"内心戏"。随着两人关系的增进和工作压力的增大，他们会逐渐放弃这种做法。此时，如果女人通过称赞的方式，直接告诉他自己的需要，他会很开心。男人需要女人的感激，他们会由此萌生出更多爱意。

还有另一种称赞方式也很有意思，在特殊的时刻，女性也可以考虑尝试，那就是错位称赞。比如你的男友很帅气，你一味称赞他玉树临风，对他来说实在缺乏新鲜感，因为从小到大他也许早习惯了这样的评价，此时如果你肯定他的聪明才智，也许他会更喜欢。而对于聪明并不帅气的男友，你不妨称赞他高大威武。这种激励也许有点讨好的成分，但男人会觉得"你是不一样的女人，你才真正懂我"。

男人是追求欲望扩张的野生动物

男人和女人的潜意识差异非常大，就像火与水，高山与大海，特质迥然不同，却彼此吸引、彼此需要。正是这潜藏的神秘力量，造就了男人和女人各自的魅力。

女人是追求安全的情感动物。在她们的潜意识里，向往亲密持久的关系。稳定的情感和被爱的感觉是她们一生追求的主线。有了爱情的滋润和稳定的婚姻，女人才会感觉踏实，才会感受到生活的美好和生命的意义。

男人是追求征服感的野生动物。在他们的潜意识里，首先是生存欲望的满足，然后是用性征服女人，这是男人在社会上打拼的动力来源，是男人拥有生命力的体现。而爱情在男人心中不会是全部，只是生活的一部分而已。

女人的内心深处，情感、婚姻第一，事业随后，家庭永远是她们最向往的港湾。事业再成功也无法弥补感情世界的空白与失落。绝大多数女人视丈夫和孩子的成功为自己的荣耀，胜过于外面世界给自己带来的荣誉。"对我来说，生活就是结婚生育、买房子有自己的家……" 她又说："无论在白宫还是在我们自己的家，孩子将总是我们小宇宙的中心。" 即使身为总统夫人，米歇尔·奥巴马婚后的理想生活也不过如此。

男人深藏的意识里，生存永远是首要目标，没有饭吃连生存都成问题，怎么可能有闲心谈情说爱？失业对男人的打击往往比失恋大得多，通常事业心重的男人大都是如此。男人终日被各种欲念左右，不断寻求生存领域的扩张，他们在情感世界短暂休息调整之后，会再次踏上征途。男人所有的想法和行为动机，都来自这种原始需求。

爱情或许是女人的全部，却只是男人的一部分，可能就是这个原因。许多男人在事业成功之后，有了出轨行为，就是因为他们的基本生存已经满足了，富裕了，开始追求其他的享受，寻求另外征服的目标，如色欲、贪欲等。

男性和女性只要认清自身潜意识的特质，就可以通过不断学习，不断修炼，掌握更成熟的处世智慧。修炼成熟的女人可将家庭经营得幸福圆满，还能得到事业的成功；男人则可透过更高的修养与自律，将欲望调节到比较妥当的程度，成为自制力强大的好男人。

男女之间的生理差异

男女的发育年龄也不尽相同。根据中医学阐述，女人的成长周期是七的倍数，男人的成长周期是八的倍数。女人在二七一十四岁时开始有月经，从生理表象意义上说，她具备了孕育的能力。在四七二十八岁时卵子成熟度最好，这时生育的孩子更为聪明健康。到七七四十九岁时，女人便慢慢地进入更年期。更年期的女性因个体差异较大，每个人的反应会有所不同。有些会平稳度过，有些则反应强烈，更有甚者会影响到心理和精神的健康。一般来讲，具有更多爱心、童心、平常心的女性，更容易顺利度过更年期。

案 例

我的一位女友在更年期时，父亲过世。由于父亲走得突然，她非常难过。全家人忙着办理父亲的身后事，一直忙了近两个月。在这段时间，她心情非常不好，看到丈夫骂丈夫，看到孩子骂孩子，也不去参加任何社会活动。但她并没有关注到自己生理上的变化，丈夫跟孩子都说她到更年期了，她不但不承认，反而谁说她就跟谁吵架。这种状况持续了两年的时间，她变得不可理喻。

后来她告诉我，如果她早点意识到生理上的变化，吃药调节，也就不会使自己的情绪纠结到无法控制的程度。不单自己的身体、精神一直处在痛苦之中，丈夫、孩子也都连累其中。这段可怕且纠结的过程，给生活带来的失调与失衡，让她深刻意识到，女性的更年期是绝对不能忽视的。

男人在二八一十六岁时开始排精，从生理表象意义上说，这时他已经是成熟的男孩了。在四八三十二岁时精子成熟度最好，处在这个年龄的男人如果与一个二十八岁的女人结婚生子，精子和卵子都处在最佳状态，宝宝将是最健康聪明的。男人多在八八六十四岁时进入更年期，男人的更年期通常不很明显，但如果碰巧事业不顺或身体出现问题，更年期的症状将更为明显。

使男人具有存在感和价值感的，是他们的社会掌控能力，因此，一旦他们的事业进入下滑状态，周围的认可与崇拜逐渐减少，再加上更年期的到来，他们的身体逐渐露出衰老的体征信号，男人就真正步入老年阶段了。

我的一位男性朋友，他更年期时正好遇到事业滑坡，虽然付出更大的努力，却无法取得令自己满意的成绩。这令他深感困扰，把所有责任都归结到自己身上，不仅自信心严重受挫，身体的问题也层出不穷，让他感觉到自己好像要垮掉一样。而真实情况并没有他想象中那么糟糕，只不过是他没有意识到这是自然规律使然，也没有调整好心态。

　　由此看来，男人的内心并不像外表那样刚强，有时甚至非常脆弱。他们大多不善言辞，又缺少女人特有的韧性，一旦出现心理问题就会比较严重。因此，如果你身边的男人出现了类似状况，请一定要特别关注他内心的感受，多给予他肯定和支持。

Chapter 2

Mr.Right，
你选对了吗？

年轻人应该在恋爱中成长，不要直接在婚姻中试错。

结婚不是要趁早，伴侣选对最重要。

适合你的他，一定要在精神层面"门当户对"，

选择价值观接近的人做终身伴侣。

爱情是瞬间的激情，是可遇不可求的邂逅，捕捉到了就算拥有过；婚姻是缘分的认可，是一辈子的厮守与永远的扶持。

案　例

我有一位好朋友，他父亲是地主的儿子，因出身"不好"，在1950年代土改的时候就娶了出身比较"好"的贫农。父亲有文化，母亲没文化，两人没有什么共同语言。好在其母虽然没有受过教育，却贤惠、安分、吃苦耐劳。父母结婚以后，生下他和另外三个孩子。

改革开放之初，我这位朋友的父亲五十多岁了，事业十分顺利，升迁到了局长。由于工作关系，接触到一位事业型的女性，两人产生了感情。有一天，父亲向原配摊牌："我们离婚好了，我们俩太不合适了！"深知差距巨大的母亲毫无办法，虽然深爱这个家和这个男人，但她能选择的只有尊重他的意愿，跟随他到民政部门办理离婚手续。当走在大楼楼梯上时，父亲回头看了一眼身后步履缓慢、两鬓斑白的母亲，突然心有所感："这个背已微驼的女人，跟我生活了将近二十年，给我生养了四个孩子，我现在把她抛弃掉，去追求自己的爱情和幸福，这样做是不是太过分了？"一瞬间，他觉得于心不忍，不由得落下泪来，哭了一会儿之后，又牵着母亲的手返回家去了。

我这位朋友的父亲后来七十多岁时已半身不遂，有一天，老太太推着坐轮椅的老先生在公园散步时，与他当年喜欢的那位女士不期而遇，两人相视很久，但没有说一句话，就这样默默地走开了……

这个故事让我们体会到爱情与婚姻的差别，还有选择伴侣的重要性。爱情是瞬间的激情，是可遇不可求的邂逅，捕捉到了就算拥有过；婚姻是缘分的认可，是一辈子的厮守与永远的扶持。它不一定需要玫瑰花或"我爱你"的表白，它不奢侈，但让你觉得安全可靠。

　　女人结婚是"嫁"，是从一个家到另一个家，是从原来跟父母生活在一起的娘家，到自己和丈夫组成的一个新家。所以，女人结婚是为寻找生命旅程的归宿。男人结婚是从一个女人身边到另一个女人身边，原来的女人是照顾自己，现在的女人是依靠自己。所以，男人是在女人的世界里重新发现了自己的优势，要独当一面，要担负起家庭的责任。为此，他需要不断去证明自己，展示自己。所以，男人结婚就是找到了闯荡世界的出发点。

　　寻找人生伴侣对每个人来说都是生命中最重要的事情之一。选对了可以很幸福，选错了却痛苦无比。

前面故事中这段婚姻有其无可奈何的时代背景，在那个年代里，这样的婚姻悲剧太多了。今天时代不同了，人们可以自主选择结婚对象。但也正因如此，很多人恋爱时轰轰烈烈，到了"非卿不娶，非君莫嫁"的程度，以为只要相爱就可以结婚了。没想到一旦结了婚，柴米油盐等生活琐碎问题都出来了，两个人生活中的真实面目打碎了谈恋爱时努力粉饰的美好：

"你原来不是文质彬彬的吗，怎么现在这样粗鲁？"

"你以前不是挺爱打扮的吗，怎么现在这么邋遢？"

诸如此类，虽然全是小事情，但日积月累，就可以成为离婚的导火索。

所以，结婚前不仅要用心感受对方，睁大眼睛看清对方，更要理性地评判自己与对方是否合适。那么，具体说来，选择对象的原则是什么呢？

在对的时间，做对的选择

我有不少学生，年过四十还没结婚。她们告诉我说："李老师，我年轻的时候用功读书，工作以后，因为想做出成绩，结果错过了恋爱和结婚的黄金时间。现在自己事业成功了，但一些不如我的男人我真的看不上！"虽然没有结婚，但因为常看到身边婚姻失败的例子，她们越发不想结婚，也不敢结婚。常有学生对我说："看来我这辈子要独身到老了！"语调听起来虽然轻松，背后却有着深深的无奈和伤感。

我的一位女友，40岁时才找到理想的伴侣结婚，两年后她怀孕了。这本来是件非常值得开心的事，但由于她是高龄产妇，无法自然生育，医生决定实施剖腹产手术。但因为那天正好是她父亲的忌日，她希望能顺延一两天，没想到一拖就拖出了事情，她大出血，因为抢救不及时，母子双双死亡。实在令人悲叹欷歔！

虽然国家提倡晚婚和晚育，但适龄时的恋爱不应太晚。所以，一旦孩子上了大学，家长就不应该再限制孩子谈恋爱了。恋爱是人生的重要部分，不恋爱和不吃早餐一样，会导致人营养不良。春夏秋冬、花开花落都有其自然规律，人是大自然的一部分，什么时候该做什么事情要顺其自然。

在大学里，同学之间没有什么功利的色彩，正是寻找终身伴侣的最好时期！因为大家都在念书，思想还很单纯，交朋友不会特别在意对方物质上的条件，这时的情侣日后结了婚，相伴一生的几率更高一些。我的一些大学同窗就是在学校找到同学做朋友，几十年之后同学聚会，我发现这种夫妻的离婚率非常低，这也算是很好的证明。

晚恋的女人对异性缺乏适应性和理解力，随着年龄的增长，在择偶与恋爱中，更容易受到伤害。晚婚到一定程度，就会影响生育，对女人和孩子的健康都不利。

恋爱、结婚、生育最好顺其自然。不要刻意拒绝婚姻，强求婚姻固然不好，摒弃或逃避也不是办法。用开朗和机智的态度去接近男人，不要急于爱上人，或被人所爱。也不要一味地拒绝或挑剔别人，应该知己知彼，日后才会白头偕老。

女人的成熟
比成功更重要

一位美国小伙子看中了一位中国姑娘，便向她展开追求攻势。最后，中国姑娘辞掉了令人羡慕的工作，跟美国小伙子结了婚，飞到大洋彼岸去了。"我放弃了那么好的工作，远离父母跟你到美国来，这可是我为你作出的牺牲呀！"中国姑娘说。没想到美国小伙子只是说："不是！不是！我不认为这是什么牺牲，在我看来，这只是你的一种选择。"

她后来才认识到，美国人在人际交往中，只会尊重你的选择，而不会承认你的牺牲。这就意味着：你作出的所有决定，都必须符合你自己的心愿，才能成为你的真正选择。如果你是为某人做出牺牲而做的选择，潜意识里你会期待在事情出现非预料的情况时，你盼望得到对方某种补偿（精神的或物质的），而对方不认为有这样的必要，这就会造成双方的不满与纠葛。

我的许多女学生，偶尔也有男学生，当生活中遇到一些问题时，经常会问我该如何做选择。比如，大学毕业后应该考研还是就业？男朋友感情不专一要不要放弃？丈夫有了小三要不要离婚等等困惑。

通常同学在问我这类问题时，我多半会先向其了解详细的情况：例如，你当时为何会做出这样的选择，原因何在？如今再重新选择，可能会出现什么后果，这种后果是你期待的吗，会比现在更好还是更糟，若想维持目前的状况，应该如何改善？诸如此类。我会帮助他们分析各种情况，告诉她最后的决定由她自己选择。因为这是她的人生，她应该为自己做决定，并承担决定后的一些后果与未来。对于现代人来讲，成功的婚姻或事业不光是种机遇，也是种选择，正确的选择成就未来。所以女人需要不断成长与学习，拥有更多的智慧后，你才知道如何正确选择，才不会应了杨绛先生那句话："你的问题主要在于读书太少而想得太多"，误了自己的人生。

和谁结婚，不要让父母做主

原生家庭伴你一程，伴侣却陪伴你一生。如果父母反对你的婚姻，看不上你选择的人，该怎么办?

案　例

一个女孩和男友感情稳定，双方都很认真地对待这份感情，一不小心，女孩有了身孕。男方及其家庭希望能尽早完成婚事（男女双方都已到适婚年龄）。而一直持反对态度的女方家长竟强行带女儿去做人工流产。

事毕，女孩身心俱伤，其父母禁止她再与男方见面；男方痛苦无奈，因为这件事，男方家长表示很难再接受女孩。两个人的情感一时陷入僵局，未来不得而知。

女孩家长这样做肯定有许多理由，归根结底不外乎：他们认为男方配不上他们的女儿，女儿跟着这个男的将来会吃苦。他们坚信这样做是为自己女儿好。

不要被父母的爱绑架

伤害以爱之名进行，这种包装成亲情的迫害使我感到震惊。明明是对孩子情感和意志极不尊重，这对父母却做得理直气壮。不难推断，从小到大，这个女孩的生活和教育，一定是在其父母的严密控制下进行的。

在中国，被父母之爱绑架的孩子非常多。对于这样的家庭，与其说是孩子依赖父母，不如说是父母过分依赖孩子——依赖自己对孩子行使的各种控制权，将自己和孩子紧紧捆绑在一起，享受事无巨细服务和安排孩子生活的角色扮演。

而当孩子已经成年，即将和恋爱对象组建自己家庭时，原生家庭的力量往往会达到登峰造极的程度。如果孩子的恋爱对象符合他们的设想和要求还好，一旦达不到标准，各种挑剔、阻挠、威胁甚至伤害层出不穷。孩子要想实现情感和思想的独立，脱离原生家庭的影响，代价非常之大，甚至有些年轻人用"惨烈"来形容。

案 例

我有一个女学生，其母亲非常优秀，相比较之下，她的父亲显得很普通。强势的母亲一直不满意自己的婚姻，就把希望全寄托在女儿身上，希望女儿能找一个出类拔萃的老公。

我这个学生比较有主见，并没有按照妈妈的意思挑选一个事业特别强的人。她后来选的丈夫非常体贴她，懂得顾家，很有责任心，只是事业略逊于她。母亲未能如愿，耿耿于怀，多次叫她离婚，甚至在两人结婚七年并有一个六岁儿子的情况下，还试图拆散他们。好在我这个学生和丈夫感情不错，并未受到母亲太大影响。但不被祝福的婚姻怎么可能风平浪静？母亲简直成了她和丈夫之间的敏感字眼，两个人一吵架就会涉及此事，实在令她痛苦不堪。

显而易见，我举这个例子，立意不在改变这样的父母，实际上，想改变他们是非常困难的。我是写给那些恋情遭遇父母极力反对的年轻朋友。如果父母反对你的婚姻，看不上你选择的人，你该怎么办？

　　婚姻不是别人的事，和谁过一辈子，冷暖自知，因此一定要自己决定。原生家庭只能陪伴你一程，自己选的伴侣则伴你一生。如果你认定了他（她），珍惜彼此的真心实意，对情感和生活的未来都充满信心，那么，不要惧怕父母的反对。

　　挣脱原生家庭的控制非常困难，但唯有你有勇气对父母说"不"，捍卫自己的真实感受、坚持自己所选择的情感时，你才迎来了心智上的成年礼。父母是过来人，他们对你的婚姻、你的未来伴侣一定会有很多看法，这都是非常正常的，也是在他们责权范围内的。但民主和强权的分界线在于，他们拥有的只是建议权，决定权在你手里。

　　如果你发现自己的父母已经大大越过分界线，对你的情侣指手画脚，对你的恋爱细节品头论足，质疑你识人、断人、处理亲密关系的各种能力，又对你未来家庭规划充满兴趣时，就该适时在心里响起预警了。

　　　争取独立的方式有很多，做胜过于说，行动比语言更有效。和你选择的人好好相爱，好好生活，努力过得幸福，用行动证明你的选择是对的。父母不会和你的幸福过不去的，要像个大人一样为自己说的话负责。他们知道了你有力量，才会有妥协的可能。这妥协会使将来的两代关系更为正常。

　　我还有一个女学生，丈夫是河南人。因为父母对河南人有成见，在他们开始交往时就拼命反对。但她深信自己的眼光没有错，坚持和丈夫结了婚。婚后父母仍百般挑剔，她和丈夫一不辩白，二不生气，两人爱情甜蜜，日子也过得有声有色。为了去除二老的偏见，她的丈夫加倍努力工作，在一家上市公司做得非常好。看到女儿非常幸福，这对老人终于接纳了女婿，最后一家人皆大欢喜。

敢于为自己的爱情埋单

当然，确实有些人"未听老人言"，婚后过得不太好。但凡事只有亲身经历才会知道，过得不好，该负责的只是两个当事人，和其他人无关。而且，过得不好，也是为了将来过得好做准备。至少你获得了直面问题的机会，总比这机会被父母剥夺强。爱是一种通过学习才能掌握的能力，没有学习的机会，很多人终生都不会爱，不懂爱。

记住，在建立自己的亲密关系时，父母包办，父母帮助你决定对象，恰恰是最伤害自己的行为。如果你和一个不爱的人结婚，婚姻出现问题时寻求父母的帮助，你依赖的一直都是父母的标准、选择和判断。你将缺乏自己对于生活的真实感受，失去个人成长的机会，父母是最爱你的人，反而成为你通过亲密关系获得能力提升的最大障碍。

有两点必须提醒大家：其一，尽量不要未婚先孕，这对女孩子来说很被动，甚至直接影响了你一生的幸福。就像前面案例中的那个女孩，如果没有意外怀孕，也许她的恋情会进展得顺利一些。其二，年轻人要想情感独立，组建自己的家庭，经济独立是基础。

很多"啃老族"缩在父母羽翼下不愿意长大，该负责任的时候强调自由，让老人对自己的后半辈子充满担忧。这时候要是完全不管不顾老人的意见，大概就有点说不过去了。爱情重要，但是请为自己的爱情埋单。

最好的未必适合你

案 例

我一位朋友的两个女儿都很优秀。她的大女儿嫁得虽然不错，但生活并不如意，与丈夫时有摩擦。于是，我这位朋友对小女儿的婚姻特别在意，生怕她走了姐姐的老路。

小女儿到了适婚年龄，与工作中认识的一个男孩相恋。男孩各方面条件都不错，只有两点她不满意：一是他出身农村，家里经济条件欠佳；二是他个头不高，还不到一米六。她觉得他们并不匹配，因此做出姿态反对此事。但女儿十分坚决，母女俩为此争执多次。小女儿最后丢下一句话："是你要和他结婚，还是我要和他结婚？"她只好依了小女儿。

结婚两年后，她由衷感到小女儿的决定是对的。因为小女儿比大女儿嫁人之后明显快乐多了，那个男孩十分疼爱她，她比婚前还有神采。后来我这位朋友才明白，小女儿虽然不是嫁得最好的，却嫁了最适合的，因此才过得幸福美满。大女儿虽然嫁得好，却因为并不合适，所以她未能过上幸福的日子。

我一位大学朋友的幸福婚姻十分令人羡慕，而她当年选择朋友的态度，更让我们钦佩。当时有两位男孩同时追求她，其中一位条件非常好，比另一位好很多，但她还是选择了后者。当时我们都很不解，她解释道："就是因为他条件太好了，我自身条件并不出众，所以他不适合我。"事实证明她的选择是正确的，她和老公一直过得十分幸福。那个条件好的男孩据说最终和妻子离了婚。

心理学上"匹配"（match）是个中性词，它没有所谓的好与坏。结婚不是要找一个比你更优秀、更成功的人，而是要找一个跟你志趣相投、使你心情愉快、能与你和谐生活的人。如果有一个人能够理解你的个性，欣赏你的优点，包容你的缺点，并且让你尽情发挥自身潜能，那么，他就是最适合你的人。

选择价值观接近的人做伴侣

案 例

我一位女友最近离婚了，这令我非常吃惊。在我的印象中，她的婚姻蛮好的，家里经济条件不错，丈夫在创业，夫妻相互扶持。怎么会突然离婚呢？这位朋友告诉我说："我们彼此的价值观和人生追求不一致，他出生在农村，家庭非常贫困，工作以后就觉得一定要赚钱，一定要成功。他将赚钱和成功看成人生唯一的乐趣和目的。除了赚钱之外，他对任何事都不感兴趣，像苦行僧一样，他内心深处存在一种恐惧，不愿跟人交往，生活非常单调。

"李老师，您知道吗？我家银行账户上有200万元存款，我跟孩子在外面吃一顿饭，看一场电影，他都会埋怨我们乱花钱！以我们现在的经济状况，这点小开支算什么呢？但他就是不能忍受任何他认为不必要的花费，他觉得钱就是要存起来，钱比什么都重要。在赚钱过程中，他得到了尊严，但除了钱他对什么事都不重视，对孩子、对我永远是埋怨与不满。也许是他自己内心比较自卑，我虽然耐心地和他多次沟通，但他却没有任何想改变的意思。

"李老师，您曾经讲过，如果要离婚，不要选在孩子13岁到18岁之间，因为此时孩子正处于青春期，父母离婚对他们的影响会很大。我的女儿今年11岁，庆幸的是她已经非常懂事了，前不久女儿主动劝我离婚，她说：'妈妈，你们离婚吧，我知道你过得很不开心，我也很不开心。'见到孩子这般体谅，我终于下定了决心离婚。因为文化及精神需求上的差异，我在家里跟他说话，根本说不到一起。现在我明白这些都是根深蒂固的性格因素使然，不是几年或者十几年的相处就能够改变得了的！实际上我们是错误的结合，一开始就错了，现在离了，反而是一种解脱！"

一般来讲，人的精神需求与学历和文化水平成正比。学历越高，夫妻生活在精神层面的追求也越高。

著名诗人徐志摩的爱情故事，是大家耳熟能详的。他遵照父母的意思，娶了张幼仪为妻，但是心中并不喜欢她。徐志摩是留学欧洲的才子，而张幼仪只接受了三年的基础教育，他们在文化层次上落差太大，因此他一结婚就对张幼仪说："你可以进徐家门，但你不要做徐太太。"徐志摩不曾爱过她，但她也为他生了两个孩子。更有甚者，在第二个孩子就快要出生之前，徐志摩还为了另外一个女人急切地要和张幼仪离婚，并以"西服和小脚"来比喻双方的距离。实际上，张幼仪并未裹小脚，徐志摩这样比喻，足可见在他心中是看轻张幼仪的。这种文化上的差异，使这两个人的心灵无法交流。

上面的两个例子，说明夫妻之间如果心灵距离很远，是无法匹配的。人们更容易被那些与自己思想和品位相似的人吸引，这也是为什么大多数人在寻找人生伴侣时，希望找到与自己相似的人，这样容易消除彼此间的隔阂，维持长久的亲密关系。

生活在温饱线上的夫妻，因为要面对生存的压力，共同养育孩子，所以他们暂时顾不上别的，像利益共同体一样，两人的命运紧紧拴在了一起。一般度过了生存层面，基本生活没有了问题后，文化品位越高的家庭，精神需求上的差异就凸显出来了，价值观的矛盾也越发明显。

价值观是什么？是每个人看待自我、对待他人、评价世界事物不同的角度和看法，以及对人生未来追求的方向。每个人的价值观都不一样。价值观可以视为控制每个人命运走向的"看不见的手"，它引领人们走上不同的生活道路，拥有不同的思维和行为模式。

价值观差异巨大的两个人，若非有极好的心态和修养，将很难在一个屋檐下平和相处。因此，婚前了解对方的价值取向十分必要，这将为日后和谐相处打下基础。

嫁人就像买股票，低位入手显智慧

有句话说："做名人难，做名女人更难，做名男人后面的名女人更是难上加难！"很多女人希望嫁给成功的、社会地位高的男人，但是，在分享男人的荣誉、光彩的同时，她也担负着高风险。成功者一般都有着更高的失败概率，嫁给了这种男人，风险是比较高的。

嫁给"凡夫"则不一样。在他没成名以前和他一起成长，一起上升，就像买股票，在它低位时买进，到最后它升值了，就证明了你的眼光，体现了你的价值。

有些女人仅看到男人成功的那一面，愿意和男人共同分享成功的喜悦，却不愿意承担男人的痛苦和风险。女人嫁丈夫就应该像买股票一样，买低不买高。低，可能有上涨的时候；高，却不能保证不会有下滑的一天。

我大学毕业前，几个女同学围在一起聊天，讨论将来要选择什么样的对象，我们一致认为要选有三个"P"的！第一个"P"是PHD，就是博士学位；第二个"P"是PR，即在美国有居留权的"绿卡"；第三个"P"代表property，就是要有财产，要有房子。

但当我嫁给我丈夫的时候，他连一个"P"都没有。尽管如此，我还是选择和他结婚并出国。在美国我们一起读书，他的硕士、博士学位论文都是我帮他打字、整理、出稿的。那个年代打字不像现在这样方便，打错了可以随时修改。那时候用老式打字机，打错一个字，整张纸就都不能要了，需要重新再打，又不能涂改。几百页的论文，都是我一张一张地帮他打出来的。在他成功的历程中，我付出了汗水与青春，所以他的成功里也有我的一份骄傲。

当然我们生活中也有很多起伏、争执，他曾告诉过我，每当想到我的付出，心里就觉得他跟我是分不开的。我们一起走过许多风雨，走过许多岁月，分享了彼此的喜悦，也分担了彼此的痛苦。我们都是"逢低买进"，所以今天我们才能共同享有"逢高"的成果。

莫因功利误终身

案 例

有一次去讲课，接待我的是一个29岁的女孩，长得蛮可爱的，也很懂事。我问她结婚没有，她说她离婚了，我当时很吃惊："你才29岁怎么就离婚了？"

她解释说，父母以前告诉她，大学的时候不能交男朋友，她很听话就照做了。等大学毕业开始工作后，因为社交范围很窄，工作单位又没有合适的，一直等到了27岁，父母认为她该结婚了，才托人给她介绍了一位局长。她父母认为，这个局长有房有车，经济基础好，将来生活一定不错。

在父母的安排下，他们很快就结婚了。等结婚后她才发现，这个人固然有房有车，但是彼此的生活习惯、价值观、精神需求都非常不协调。她生活得很痛苦，每天除了忙家事、上班之外，夫妻间没有共同语言及精神层面的交流，后来她几乎痛苦得没法和他睡在一张床上。婚后一年，父母看她如此痛苦，也只好同意她离婚了。

这桩婚姻的功利色彩浓重，夫妻关系建立在物质欲望的基础上，最终以遗憾收场。真正幸福的婚姻，一定要建立在纯净的爱情基础上，只有优质的爱情土壤，才能够使婚姻的种子枝繁叶茂、开花结果。

对自己和未来负责，26+再结婚

我一直倡导晚婚晚育，不建议年轻人太早步入婚姻，因为结婚是一辈子的大事，必须理性对待，要等到身心两方面都做好准备后再走进婚姻殿堂。虽然现在中国全面放开"二孩"政策，但与晚婚晚育并不冲突。男女双方只有秉持着理性和慎重的态度走进婚姻，由成熟的心智保驾护航，爱情之帆才能永不触礁幸福久远，继而给未来爱情的结晶提供一个温暖稳定的成长环境。

我国政府倡导的晚婚年龄是男性满25周岁、女性满23周岁，我认为男女最佳的结婚年龄，首先是要符合这一条件，甚至还可以再晚几年，女性在26岁后，男性在30岁之前结婚就比较理想。

为什么这么说呢？因为二十几岁的年纪基本上就是大学毕业后进入社会历练的最初几年，这是人的脑力和体力都十分充沛的阶段，也是工作热情很高、事业驱动力较强的阶段。一些人开始在工作中崭露头角，有意识地进行职业规划，面对人生和未来相当积极乐观；当然也有很多人进入社会后颇感不适应，需要进行调适，改善心态及方法。但无论顺境还是逆境，在不断参与社会建设的过程中，年轻人从家庭和学校习得的价值观也在不断地被强化或修正，待人处事的心态及能力等各方面都日臻成熟——成立家庭、承担责任、生儿育女的最佳时节也来临了。

婚前多选择、婚后不选择

我赞成"婚前多选择、婚后不选择"的择偶方式及态度——婚前广泛交友，选定一个最适合的人走进婚姻，婚后忠于伴侣。西方人在谈恋爱的阶段心态都是较为开放的，合适就继续发展，不合适就友好分手，很少有人会因为某段恋情的失败而郁郁寡欢、影响终身幸福的。

国内的一些年轻人则刚好相反，他们婚前不主动与异性交往，交往后又不谨慎选择，对自己的终身幸福缺乏明确的想法。要么对一段不甚满意的关系当断不断，要么对一个不太理想的对象若即若离；说到女性朋友，有人不懂得保护自己，未婚先孕，将自己陷入非常被动的局面。

有人蹉跎到一定岁数，在父母和社会的压力下匆匆结婚，走进围城后，才发现两个人在价值观、个性和性格爱好方面、生活习惯等诸多方面都不相投。于是出现了一些人"婚后选择"：或者一方出轨，或闪婚闪离，造成很多情感的伤痛、也产生了许多单亲家庭，甚至促成婚姻悲剧的发生。

年轻人应该本着对自己和未来负责的态度，趁着年轻广泛交往、认真谈恋爱、规划自己的人生。这里说广泛交往，前提是一定要有原则。尤其是女孩子，要自尊自重，和异性发展健康的友谊，用开朗和机智的态度去接近异性，做到知己知彼，不要急于爱上别人，更不要急于与对方发生性关系。一定要综合考虑对方的人品、能力、个性、责任感、家庭情况等因素，选择一个最适合的做恋人。

早婚容易看走眼

早婚的弊端非常之多，第一就是容易选错人。年纪轻的人大多视野较窄，对爱情、婚姻及人性都认识不足，又欠缺对现实的考虑，最终盲目做出不适合自己的选择。

案 例

两年前在南京曾发生一桩惨剧，一位"80后"丈夫在凌晨三点多喝醉酒回到家中，和仍在等他的"90后"妻子发生口角，争执之中用水果刀将妻子捅伤，女方最终因为伤重不治而亡，死时年仅22岁，留下一个刚满百天的女儿。这对小夫妻是典型的早婚，丈夫为富二代，高中即辍学，天天玩网游，经济一直不能独立；妻子结婚时仍在念大学，因怀孕而辍学。和很多这个年纪的女孩一样，她特别热衷出去玩、爱逛街、喜欢打扮自己，但生了孩子后，她没法再经常出去了，而丈夫仍然喜欢在外面玩，两人为此经常吵架。事发当晚，妻子也是不满老公回家太晚，而丈夫则逼问妻子是否曾经对自己不忠。

负责处理此案的律师为两人深表惋惜，他分析说："他们二人虽然结婚生子，但对爱的理解有偏差。因为都没有参加工作，没有经过生活的历练，不懂生活艰辛，这就导致他们不懂相互理解和包容。再加上奉子成婚，结婚匆忙，两个人在心理上都没有做好准备，不具备共同面对生活、面对挫折的能力。除此之外，因为家中条件优越，他们没有生存危机，无事业无追求，没有付出便不能体会与社会互动的乐趣，无趣单调的日子也容易生是非。如果心智较为成熟，有话好好说，完全可以避免这场争端。正是因为两个人都不成熟，沟通不畅，内心脆弱，才发生这幕人间惨剧。"

早婚的人常常认识不到婚姻和爱情的差距，相爱容易相处难，不懂得经营婚后的生活，更不要说处理两个家庭的分歧。就像这个案件中的女孩，她婚后就常在人人网发表感言，表达内心的迷茫和困惑，如："最痛苦的不是要什么得不到，而是根本不知道自己要什么！"原本是非常单纯的年纪，却一下子为人妻、为人母、为人媳，承担那么多角色和责任，不成熟又没有人指点，想问题做事情难免会偏激。

除此之外，早婚的人容易缺乏责任心。据报道，一对年轻人通过网上认识陷入热恋，没过多久便生活在一起，生下孩子。但突然有一天，男的一声不响地走了，杳无音讯。女的独立抚养孩子，生活太过辛苦，也出走了，满天下去寻找那个失踪的男人，把孩子留给没有血缘关系的旅店夫妇。像这样的事，现实生活中时有发生。更多的则是人没有走，心却早已不在婚内。

当最初的激情随时间的流逝而归于平淡，一些渴望感情慰藉的人开始在婚外寻找机会。加之社会环境非常浮躁，倘若对家庭和伴侣缺乏责任心，则很难抵挡外面花花世界的诱惑。并不是所有早婚的人都不成熟，但是婚外情在早婚族、初恋即结婚的人群中发生率非常高。因为没有品尝够爱情的滋味，心有不甘，一纸婚约对他们的约束力很弱，有的人只凭自己的感受选择，更容易让婚姻触礁或失败。

恋爱只代表一场双向选择的开始，有的女孩子谈恋爱时非常任性、情绪化，对男友百般挑剔和刁难，希望以此证明对方在乎自己。这其实是幼稚的表现，既不能使自己更好地成长，又不利于两人关系的良性发展——这一点尤其需要提醒年轻女孩注意。

恋爱至少恋满18个月

即便是感情进展顺利的情侣，最好也不要立刻进入婚姻。我建议两人最好要交往30个月左右，也就是两三年的时间，再确定下一步两个人的关系走向。科学家们认为，荷尔蒙能够使情侣们拥有长达18～30个月的爱情保鲜期，在此期间，激情会使他们坠入爱河，双方都最大化地在内心美化对方，彼此之间的分歧也可能因此不会充分暴露。如果在此期间走进婚姻，很可能在婚后一段时间即发生严重的幻灭，从而产生巨大的心理落差，关系陷入紧张与混乱。

一些热恋中的情侣在潜意识里常常回避冲突，实际上，婚前的争吵对两个人的关系发展都是健康有益的。因为幻想终归要回归现实，每一对爱侣要想天长地久，都必须经受现实的考验。

所以，恋爱期不能太短，最好不少于两年半的时间，要让彼此有机会经历一些风雨再走进婚姻。恋爱双方的性格、观念、核心价值、人生目标等差异，有时候在争吵中能清晰显现，让双方有机会判断哪些分歧是可以在长期共同生活中容忍的，哪些分歧是忍无可忍的。等双方对彼此都有了充分的了解后，仍愿意携手一起共度人生，那么这种选择是趋于理智的，说明他们不仅被对方的优点吸引，也能接纳对方的缺点。此时再举行婚礼，郑重说出"我愿意"那三个字，更为慎重和谨慎。

总之，结婚不是要趁早，结婚对象一定要选择好；不是选最好的，要选最适合的。伴侣要和自己相处一辈子，因此不能像装饰品一样，为了摆在家里好看，带出去给别人称赞。应该选择价值观等精神层面相近、各方面条件匹配的对象。

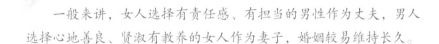

一般来讲，女人选择有责任感、有担当的男性作为丈夫，男人选择心地善良、贤淑有教养的女人作为妻子，婚姻较易维持长久。

婆媳关系为何难处理

婚姻不光是选择一个人，也是选择一个家庭。中国由于养老体系不够完善，传统文化中养儿防老的观念依然盛行；再加上重男轻女等思想，老人与儿子、儿媳共同生活在一个屋檐下，一个家庭两代人或三代同堂的现象十分普遍。

为何公公与儿媳之间的矛盾不太凸显？这主要是因为男人属于社会

动物，其主要精力放在外面的事业上，对家里的琐事不太计较。加之自古以来"男女有别"，儿媳是晚辈，保持适当距离，彼此相互尊重，摩擦机会并不太多。

为什么中国家庭的婆媳之间容易产生矛盾呢？有以下历史背景和现实原因。在封建时代，绝大多数女人都没有机会读书。因为没文化，眼界窄，只知道身边和生活上的一些琐碎小事，导致心胸狭窄，做事容易斤斤计较，甚至处处算计。还有在传统的大家庭中，多子多福儿子多，妯娌之间争宠，古言道"三个女人一台戏"，家中女人多是非也多，也加助了婆媳矛盾。

许多母亲把儿子当作心头肉和精神寄托，结婚后儿子却被另一个外来的年轻女人夺走，这让很多母亲心理失衡，对儿媳莫名嫉妒、百般刁难。在三从四德的伦理教化下，中国古代的儿媳被婆婆管教、斥责甚至于虐待时，大多只能忍气吞声、敢怒不敢言，只有苦熬认命的份儿。待到多年媳妇熬成婆，自己终于当家做主、掌权管教儿媳时，过去的婆媳相处模式得以重演——曾经饱受折磨的女人再去折磨新一代的年轻女人，内心的积怨和复杂的报复心理使这一恶性循环难以终止。

女人大多属于情感动物，性格较男性更为细腻、敏感，容易情绪化，挑剔或迁怒。家庭是女人的管辖范围，生活中的琐事都由她们统一管理。因此，每个家庭都会围绕女主人的性格喜好，形成一套独有的习惯、规矩。当一个女人对她的儿媳看不顺眼时，很容易挑剔、指责、埋怨、猜忌，喜欢鸡蛋里挑骨头，这无疑会引起儿媳的反感。

在母亲独自将男孩养大的单亲家庭中，这类女人的表现更是登峰造极，她们中有的人甚至把儿子当成私产，存在严重的恋子情结。并且，有的儿子也会产生恋母情结，他们处处唯母亲是从，简直把母亲的话当圣旨。等到他们自己成婚组建家庭后，常会有意无意将妻子与母亲比较，用母亲的标准来要求妻子，造成夫妻关系失和、妻子严重不满。

在某些两代人共同生活的家庭中，有的小夫妻在婆婆眼皮底下过度亲热时，婆婆会因为看不惯而不悦。一些比较顺从的儿子会选择多陪伴母亲而疏远妻子。更有甚者，一些婆婆还会以儿媳未能生出儿子而对其不满，怂恿儿子与儿媳离婚，这种情况在过去的中国较为普遍，在今天中国的许多家庭里仍然存在。

也有些年轻女性，在娘家时是父母的掌上明珠，娇生惯养，养尊处优，以自我为中心我行我素惯了，又不擅做家务，为人处世方面也欠周到等。初到夫家与婆婆相处，处处被管束、被挑剔、被要求，加之与此女人都在争夺同一个男人的关怀，不知不觉对婆婆产生不满，甚至有了敌意。国家转型期的特点也反映在家庭关系模式的千差万别上。因此，强势婆婆拆散年轻小夫妻的，强势儿媳"抢走"儿子、不允许丈夫与母亲独处的现象同时广泛存在。网上流传着这样一段笑话——

> 某小区的一位阿姨不再去跳广场舞，而改去学游泳了。
> 熟识的朋友们都问她："你怎么改学游泳了？"
> 这位阿姨无奈地说："儿媳和儿子吵架，每次儿媳都逼问：'我和你妈掉水里你先救谁？'我不想为难儿子，所以只好自己学游泳了！"
> 过了一段时间，小两口又吵架，儿媳照常逼问：'我和你妈掉水里你先救谁？'
> 老公答："我不用下水，我妈会救你的，她会游泳。"
> 媳妇不依："不行，你必须下水！"
> 老公答："那你死定了！我不会游泳，我妈肯定先救我。"

所以有时我上课时和同学们开玩笑，建议有儿子的母亲赶快学会游泳，免得儿子结婚之后左右为难。虽然这只是说笑，但也能看出儿子在婆媳之间必须巧妙扮演"平衡器"的角色。"聪明的男人两头瞒"，能把两个女人都哄得很开心，拉着媳妇一起孝顺母亲，拉着母亲一起疼媳妇；"愚钝的男人两头传"，最后让两个女人相互越看越不顺眼，自己也左右不是人。只有这个"中间人"拥有足够的智慧和耐心，才能平衡好婆媳双方的关系，达到家庭和睦相处的目的。

婆媳关系在中国是一个很大的课题，但我们似乎很少听说西方人有婆媳矛盾的。那么，为何西方国家没有婆媳矛盾？原因是：一方面，西方中产阶级多，社会保障体系较完善，人年老后多半喜欢住在养老院中，有众多年龄相仿的老人住在同一楼里，又有各种社交娱乐活动，老年生活丰富多彩不觉寂寞。当年龄老到生活无法自理时，也有优秀的护理人员照顾陪伴。所以父母无须与儿女同住，避免了两代人相处一室的尴尬和矛盾。另一方面，西方社会无长幼有序一说，兄弟姐妹间一般都是直呼其名。即便到朋友或同学家中去做客，对朋友的父母，较客气的称谓是称对方为某某先生、某某太太，如无须客套，称谓时互道彼此名字也司空见惯。这样一来，长辈会感觉自己很年轻，大家都像朋友一样相处，心里感觉平等友善又轻松。所以年轻夫妻结婚后，西方称对方父母为某某先生、某某太太也有，或者直呼其名，而不喊爸爸妈妈。这种称呼既不勉强，又保持了距离和彼此间的尊重。

美国女人结婚后均冠夫姓，称某某太太。当儿子结婚后，儿媳也被称为某某太太。所以，做婆婆的会认为自己是外姓人嫁到此家族来，儿媳也是外姓人嫁到此家族来，只不过自己嫁得早，嫁的是父亲；媳妇嫁得晚，嫁的是儿子。做婆婆的时间待久了对这个家族比较了解，有经验，所以自己天经地义应该帮助媳妇了解这个家的家规和生活习惯，让媳妇早点适应这个新家庭。加之自己无法终身陪伴儿子，而这个女人要照顾和陪伴儿子的后半辈子，为这个家族生儿育女、传宗接代，甚至于这个女人还要给儿子送终（通常女人比男人长寿），所以婆婆更要百般讨好和帮助这个儿媳，对儿媳好。所以，在一些西方家庭里，婆媳相处得像姐妹一样很普遍，她们之间相亲相爱、互相支持和理解，极少出现婆媳之间的矛盾和纠纷，这也是东西方社会文化巨大差异的一点体现。

我在美国生活了三十多年，了解到西方男人是不会为母亲的喜怒好恶而牺牲夫妻关系的。在他们看来，小家庭的幸福是优先的，如果自己与妻子关系非常好，母亲再不喜欢，自己也不会选择疏远妻子或与之离婚。所以西方国家有这样一句谚语："女儿是你一生的女儿，而儿子是在娶老婆之前才是你的儿子。"也就是说儿子结婚后，他身旁最重要的女人已是他的妻子，而非母亲了。做母亲的这时一定要心态平衡，认清并接受这个现实，才可能做一个好婆婆，也更容易跟儿子保持长期的亲近关系，家庭氛围才会和睦长久。

Chapter *3*

成熟的爱
让婚姻更美满

爱情是存款，婚姻是银行，
别等到婚姻危机时才想起开账户。
没有十全十美的婚姻，
美满的婚姻一定都是经营出来的。

爱家的男人不是天生的

我们是否真的理解男人，懂得男人？女人总是自信满满，但事实未必如此。一位事业风生水起的男士，在别人眼中非常优秀，但他曾经对我倾诉："在外面拼搏的时候，我感觉自己好像是一个水手，在海上和风浪搏斗，而当我回到家里，真希望那就是个温柔乡，有一只温柔的手过来抚摸我的头。"

爱家的男人不是天生的，需要女人来培养。为什么都说好女人是一所学校？因为男人是"野生动物"，追求欲望扩张的野生动物，只有好女人才能驯服住男人的野性，让男人的心安定下来，成为顾家、爱家的好丈夫。有的女人抱怨丈夫不爱回家，把家当成旅店，那么女人自己也要检讨一下：是不是你首先没有把家营造出家的感觉，让丈夫找不到自己的位置和归属感，才不会为家付出太多情感和精力？

通常情况下，男人的压力会比女人大，所以，男人常常会自嘲为"难人"。社会赋予了他们家庭经济支柱的角色，他们要时刻关注家庭的经济状况，关注自己妻子、孩子的生活质量。为了让家庭生活有所起色，男人会在外面努力打拼。贤惠的女人把家收拾得清爽干净，让丈夫一回到家就有温馨舒适的感觉，这也是女人为男人提供的最好的减压方式。

家是一个人最为私密的空间，是让人最放松的地方。所以，男人们希望能够在家里释放自己，甚至表现出脆弱的一面。只有当我们自己把家庭打造成避风港，你的另一半才会成为爱家的男人。

　　然而，我们看到的是，很多女人把家变成了丈夫的第二个战场。她们不是嫌丈夫不够精明、不会讨好上司、升迁太慢，就是抱怨其赚钱不够多、不够快等。男人在这种环境中，又怎么能休息好，攒足力气再外出打拼呢？

　　有人将婚姻比喻成围城——没进来的人想进来，进来的人却想出去。人们因为相爱走入婚姻，婚后却发现生活并不全是美好。单调、平淡和琐碎将婚姻中的两人消磨得激情全无。婚前好像在和对方的优点谈恋爱，婚后却发现是跟对方的缺点生活在一起。不适应、不协调开始出现，不满、抱怨、挑剔、争执接踵而来，两人都想尽快逃离围城。其实，这种困境很容易被打破，有时候只需女人掉几滴眼泪，男人说几句贴心话。

　　女人具有柔弱、细腻的特质，内心深处都渴望有人可以依赖，无论表面多么独立，潜意识里都会把丈夫当作顶梁柱。遗憾的是，很多女人没有清楚地认识到自己女性角色的心理特点，有时甚至处在无意识的状态，当在生活中受到委屈时，只会唠叨、埋怨，和丈夫吵闹，他们以为自己这样做只是为了宣泄情绪，其实真正想要的是丈夫的疼爱与关怀。殊不知，无休止的唠叨只会适得其反，让丈夫心生厌倦，把两个人的距离越拉越远。此时，做妻子的不妨露出自己柔弱的一面，掉几滴眼泪，撒个娇，给丈夫一个哄自己的机会。

　　要知道，大多数男人不怕女人凶，就怕女人哭。撒娇流泪的女人最容易让男人心软，因为男人会把女人流泪理解为示弱，他们的大男人意识随之产生，可能马上就放弃与妻子的争执，口气随之柔和，话语随之温暖，对妻子像孩子一样呵护备至。妻子得到了安抚，情感得到了满足，哭泣又帮助释放了压力，所有委屈顿时烟消云散，双方的争执也就自然化解了。因此，男人哄女人益处多多，不仅能为生活平添情趣，还有助于加深两人间的情感依赖。

> 因此我常常说，要把夫妻生活过得像小时候办家家酒。妻子委屈难过了，丈夫要来哄一哄；丈夫郁闷不开心了，妻子也要像对待孩子一样的哄一哄，让丈夫感受到母性的关怀，夫妻间的关系就会越来越亲密。

什么样的女人最吸引男人

◆ 温柔的女人

现代社会，女性有了和男性一样争取社会权益与地位的机会，这使她们能够展示自我、实现自我价值。但是，很多女性因此进入一个误区，即她们把证明的手段当成了目的，为了工作、社会地位，变得强势、强硬，表面男性化，内心粗线条，甚至比有些男性还不近人情。殊不知，这是得不偿失的。因为，无论要如何证明自己的价值和能力，都不能失掉一个女人的本质，女性的"善与美"、温柔和细腻的特征是上天赐给女性的礼物，也是这个世界上最美好的事物。

案 例

我的一位学生讲过这样一个故事，让我深有体会。他有一个女儿，长得非常漂亮，聪明伶俐，大学毕业后，顺利考进当地电视台做上了主持人，前不久又和男朋友订了婚，未婚夫是国内知名大学的硕士。女儿优秀，准女婿一表人才，他这个做父亲的自然心满意足，就等着喝喜酒了。

没想到，有一天女儿忽然回家，向全家人宣布她将解除婚约。做父亲的非常吃惊，连忙追问发生了什么事。待女儿把事情从头到尾描述一遍后，他十分生气，责备女儿："我一直以为你是个乖巧的女孩，但从你和你未婚夫的谈话态度来看，你没有一丝一毫的温柔。女人如果没了温柔，简直就是一文不值！你们发生矛盾彼此都有责任，但你应首先检讨自己的错误，而不是气恼地指责对方，像对待儿戏一样随便解除婚约。如果你能听进我的话，也许还能拥有一个美好的婚姻。如果一意孤行，你就对你自己的未来负责吧！"

他告诉我，平时他对女儿宠爱有加，从没这么严厉地批评过她。但他认为他必须这么做，因为她不仅仅是自己的女儿，将来还是别人的妻子，作为一个妻子，就应该懂得温柔、体贴、知书达理，认清自己的角色需要。

事实证明这个父亲是非常明智的。后来，他的女儿主动向未婚夫道了歉，承认自己犯了小姐脾气，请求他原谅。两人重新合好，高高兴兴地举办了婚礼。

美丽的女人好像一幅画，每个男人都愿意欣赏。但是，如果她没有很好的内涵，容貌再美也不能长时间拥有一个男人的心。

真正能使男人感到如沐春风、心神平和的，正是那些气质温柔的女性。在婚姻中，如果妻子用尊重、赞赏、温柔的态度对待丈夫，双方的关系更容易趋近和谐。

写到这里，我想起三八妇女节我接到一条很有意思的短信："美丽的女人迷死男人，温柔的女人爱死男人，有才华的女人吸引死男人，当官的女人用死男人，有钱的女人玩死男人，反正女人的天职就是整死男人！"

这个短信写得非常有趣，虽然只是玩笑之语，但它还是说出了一定的道理：不同的女人都会有不同的男人欣赏，但男人最爱的还是温柔如水的女子。美丽如画的女子固然让人迷恋，但外在的美毕竟会随着时间流逝，只有内在散发的女人味才是永恒持久的！

美丽的女人不乏男人追求，但不管多美的女人，都一样会遵循经济学的边际效益递减的规律。这个规律讲的是，我们在吃第十个包子的时候，绝不会感觉它比第一个包子味道香。无论身材相貌多好，看久了也会产生审美疲劳。

夫妻生活在一起，容貌、性等因素会在短期内把彼此的一些毛病掩盖掉，但随着时间推移，矛盾会慢慢凸显出来。如果没有内在的东西吸引对方，爱情就缺乏维系力，婚姻很容易出现问题。

◆ 善良的女人

女人另一个不可或缺的品质是善良。美国作家马克·吐温认为，善良是世界通用的语言，它可以使盲人"看到"、聋子"听到"。如果美貌是推荐信，那么善良就是信用卡，善良的女人容易使人亲近。心存善良之人，可以驱赶寒冷、横扫阴霾。同善良的人接触，往往智慧得到开启，情操变得高尚，灵魂变得纯洁，胸怀变得宽阔。善良的人使人更易产生信任感，所以感觉更亲近。但善良不是做"滥好人"，这点要区分。

通过对男性做关于"什么样的女人吸引你"的调查，可以发现，还有几种类型的女人受丈夫喜爱。

◆ 会撒娇的女人"疼"死男人

女人撒娇不仅彰显女人的特质，更是婚姻生活中的一道清凉剂，为生活平添许多芬芳与色彩。

撒娇同样也是家庭矛盾中的缓冲剂，比如妻子买了一台健身器材，回家后丈夫埋怨她乱花钱，妻子顶撞，两人引发口角，均不愉快。这时如果妻子表情委屈、泪眼婆娑地说："我就想把身材锻炼得苗条点，讨你的喜欢嘛，你干吗那么凶？"当丈夫听到妻子这样嗲声嗲气的话语，肯定会很心疼，把妻子抱在怀里说："搞了半天原来是为我呀！都是我不好，别哭了。"一场家庭矛盾就这样化解了。

夫妻之间过日子难免磕磕碰碰，凶悍跋扈的女人让男人对你退避三舍，能不惹你就不惹你；疑心病重的女人让男人不敢对你说真话；心胸狭窄的女人为芝麻大的小事，经常愁眉不展，没事找事；脾气暴躁的女人对孩子、对丈夫老看不顺眼，天天弄得家里鸡犬不宁……而只有温柔且会撒娇的女人，往老公腿上一坐，搂着老公的脖子一面亲一面嘬着嘴说："人家就是女人嘛！不像你们大男人有见识，你干吗老跟我为这么点小事计较？"丈夫能不被你又是自我批评又是撒娇的态度给征服吗？

女人的成熟
比成功更重要

　　夫妇相处，生活中的琐事太多，大多时候没有什么大是大非，或绝对的对与错。有时也没必要一定争个输赢，我是你非，能够笑笑闹闹化解一些矛盾也是一种艺术。我年轻时，遇到争理争不过的时候，就跟我先生撒娇说："我们之间只讲情，不讲理，好吗？"

　　女人撒娇可以软化或化解夫妻生活的矛盾，会撒娇的女人容易掌握幸福，她是被丈夫宠爱的，相对的，她的丈夫也是幸运的。

◆ 有激情的女人燃烧男人

　　对生活充满激情，待人接物充满热情的女性在家里像一盏明灯。她可以给家里带来光明与可喜的朝气，可以给丈夫热量，使生活色彩缤纷，并使家中充满生命力与创造力。

　　激情是平淡生活中最佳的调味剂，有激情的女人绝不甘于麻木地"活着"，她永远像太阳一样充满热情，感染着家人、朋友和身边所有的人。为爱而奋斗是激情的核心，她爱所有的人和事，对朋友豪爽地爱，对老公火辣地爱，对子女无私地爱，对事业执着地爱。如果没有爱，她的生活中就失去了点燃激情的导火索。

　　激情女人的生活丰富多彩，她像一台发电机，随着生活运转，产生动力，这种动力也推动着别人。她在生活中起主导作用，在不同时期、不同环境下诠释女人的可爱和可敬。她们敢作敢当的作风，有时让男人自愧不如，看到需要帮助的人，她们会毫不犹豫地施以援手，看到不平的事情，她们又一定拍案而起。

　　她们对世俗琐碎的事情并不斤斤计较，当她在事业上叱咤风云时，让男人有一种压迫感，而当她推开家门，倚在梳妆台前，变成温柔的小女人时，又让男人有一种怜爱感。

　　有激情的女人，对人对事热情洋溢，但非张扬跋扈；她妩媚动人，充满魅力，却不娇艳；她积极向上，却从不炫耀、不自我膨胀。她在厨房像主妇，在厅堂像贵妇，居家时像贤妇，在床上像荡妇。

不断增加感情储蓄，为婚姻保鲜

　　每桩婚姻之所以会有不同的结局，原因很多，但根本原因会因为每对夫妻的"感情储蓄"不同而不同。那些相互靠近、在日常生活中努力维系感情的夫妇就好像在往"感情银行"里存钱。而那些以相互批评或远离对方的方式对待配偶的夫妻，则像是从"感情银行"里不断取钱。当婚姻出现危机时，"感情银行"里积蓄很多的夫妻可以得到缓冲，顺利渡过难关；而那些透支"感情积蓄"的夫妻，在面临严重的生活压力或冲突时，则很可能分崩离析，各奔东西。

女人的成熟
比成功更重要

　　有一对夫妻相恋四年才走进婚姻，他们拥有美好的恋爱记忆，对方都是自己欣赏喜欢的类型，具备良好的感情基础。结婚以后，男人为了事业到外地工作，两周才能回家一趟，妻子不能相伴，但她总是想办法和丈夫保持联系。每天都会打几通电话，关心对方的工作和生活，微信上有什么好笑的笑话、有意思的信息，都会第一时间分享给丈夫，有时还会通过微信讨论对一些时事新闻的看法。

　　不要小看这些琐碎的小事，正是这一点一滴的小事情，使夫妻两个人不断进行着情感的交流和思想的碰撞。所以，虽然异地生活好几年，两个人的感情并未因距离受到太大影响，每两周他们小聚一个周末，小别胜新婚，更加如胶似漆。后来妻子有了身孕，丈夫调回本地工作，公公婆婆也过来照顾小夫妻的生活。

　　两代人在一起生活，难免有矛盾。公公婆婆看不惯儿媳妇很多生活方式，比如花钱大手大脚等，而儿子又十分孝顺，他总建议妻子服从老人的想法，却很少做父母的工作。时间一长，妻子对丈夫很是不满，这对夫妻的感情开始逐渐恶化。再加上养育孩子观念的不同，妻子和丈夫矛盾丛生，妻子娘家人的又介入，使两家人的关系更加紧张，甚至到了离婚的边缘。

　　但是，由于他们具备良好的感情基础，"感情银行"积蓄有大量对彼此美好的记忆，所以，即使冲突在不断产生，两家人的关系进入艰难的时刻，这对夫妻也能维持对婚姻的正面看法，不忍撕毁他们对未来的共同承诺。最终，两个人慢慢冷静了下来，不再无意义地相互指责，而是通过深入沟通，找到了解决问题的办法——让各自的父母退出他们的小家庭生活，妻子停薪留职一年，全力照顾孩子。重新调整了共同的生活目标后，两个人重归于好。

因此，幸福的婚姻绝不是手到擒来的，而是需要大量的智慧、耐心、克制、包容的，夫妻双方必须不断学习，都要有培育感情的意识，都要有积极经营婚姻的态度。

　　大家一定要避免一个误区：许多人认为，把他们和配偶重新连接在一起的秘诀是烛光晚餐，或者是旅行等浪漫的事。但是，真正浪漫的事，往往不是这些电影里面常见的情节和情景，而是在每天的日常琐事中靠近伴侣。就像前面这对夫妇所做的一样，在日常生活的一点一滴中，了解伴侣的态度和想法，和伴侣有情感的交流，努力理解对方的心境，并给予他（她）支持、信任和关爱。

　　你的婚姻里有多少"感情储蓄"？如果你发觉自己已经很久没和他（她）一起聊聊天、散散步、逛逛超市了，如果你发觉自己和伴侣都显得生疏了，那么，是时候往"感情银行"里增加积蓄了。记住，最浪漫的事情，就存在于琐碎生活中，要尽量在所有时间里靠近对方，而不是远离对方。只有彼此靠近，才能联结感情、增进浪漫、迸发激情、拥有美妙的婚姻生活。

美满婚姻离不开良性互动

　　结婚十年，我的一位朋友这样总结美满婚姻的相处之道：当你抱怨配偶身上缺点很多的时候，实际上是自己出了问题；当你发现配偶优点越来越多时，实际上是自己更加成熟的结果。他常常从自己身上找缺点，从妻子身上找优点，生活中不断地给妻子肯定与赞美，作为激励自己和对方的动力。这样的观念提升，成就了他们美满的婚姻。

婚姻不融洽，往往是因为抱怨和批评太多。世界文学巨匠列夫·托尔斯泰，就是受不了妻子每天对他的抱怨批评，在一个风雨交加的夜晚离家出走，最后死在小镇火车站的站台上。抱怨就像是风雨中的沙石，打得人全身不舒服，又像噪音，刺耳尖锐，想躲也躲不了。这是没有修养的行为。经常批评抱怨，让周遭的人只有一个想法：躲得越远越好，图个耳根清净。如果你的伴侣躲着你，你们的婚姻还可能幸福吗？

批评是谁都不喜欢的。丈夫在外面工作，听领导的批评已经听够了，回到家中再听妻子的批评，实在难以令人感到愉快。尤其是习惯性的批评，更是把丈夫往外推的做法。

我在年轻时也有这样的问题。我自己喜欢整洁，每当丈夫回家将衣服、报纸、文件到处乱放，我就马上整理，一边整理一边唠叨：你以后不要再乱放了，你要怎样怎样，不能怎样怎样。当时我总是用这种管教孩子式的方法，现在想起来很后悔，我想，如果人生可以重来，我肯定不会生出那么多抱怨，家庭也一定会更加和谐。

> 对待男人要像放风筝一样，给他们充分的空间，让他们自由地在天空中飞翔，但要小心地控制着风筝线，在任何时候都可以做到收放自如，这是欲擒故纵的方法。

但很多女性意识不到自己有这个缺点，她们还总习惯拿丈夫与他人比较，认为丈夫这点不如谁，那点又不如谁。比较是很伤人的，说了毫无益处，不能解决任何问题，只能伤害伴侣的自尊与感情。美国有一本女性修养书建议女人每天祈祷："上帝啊！请你用好吃的东西把我的嘴塞满，在我说话或抱怨太多时推我一把吧！"

再说争执。牙齿都会有咬到舌头的时候，夫妻怎么可能不争执？但是吵架有吵架的哲学：不吵隔夜架（不要持续到第二天）、不翻旧账、不"株连九族"（祖宗八代都骂进去了）、不没完没了（一想到就吵）、不情绪转移（迁怒到孩子）、不离家（回娘家）。以上几项是红线，不能碰，除此之外，小吵小闹无伤大雅，良性的争吵也是沟通的一种方式。

讲到妒忌，最常见的表达方式是吃醋。夫妻之间吃一点醋没有什么关系，有句话说："男的不吃醋，感情不丰富；女的不吃醋，婚姻不牢固！男女都吃醋，社会才进步！"适度的吃醋，可以表现出夫妻间的情爱，如果过之，则会变为妒忌，最后就会是杯弓蛇影了。

社会上许多家庭悲剧的导火线都是出自妻子的妒忌心。妒忌让怒火中烧，让思绪不明，让心情扭曲，让理性不再，如果不控制，后果不堪设想……

前面提到了徐志摩的原配妻子张幼仪，她在短促的婚姻生活中一直忍受着丈夫的冷漠和轻视，但她从不和他争吵，更不抱怨，也没有因为丈夫恋上别人、坚持与她离婚而心生怨恨。她无怨无尤地接受了命运的安排，但认真努力地改变后来的人生。离婚5年之后，她从海外脱胎换骨地回国了。先在当时的东吴大学教授德文，后又担任上海第一家妇女储蓄银行的副总裁，经营"云裳"服装公司。她为自己活出了崭新的风貌，使自己的人生更上一层楼。

总之，抱怨和批评，是婚姻中的绊脚石；争执和妒忌，是婚姻中的无形杀手。这是每位妻子都要奉为圭臬的。日常生活中，争执摩擦在所难免，但忌讳相互埋怨和指责。我们要以理性战胜感性，在互信、互敬、互谅的基石上，自我检讨、真诚沟通，在良性互动中学习包容、感恩，最终获得高品质的婚姻生活。

为什么好男人总是别人的丈夫

曾经有女同学问过我："为什么好男人总是别人的丈夫呢？"我跟她们开玩笑："男人很难自学成才，都需要女人调教。调教他们的或是母亲，或是妻子，甚至自己的女儿都可能把他们调教好。你没有去调教自己的丈夫，所以好男人都是别人的丈夫！"

《圣经》上说，上帝用男人身上的一根肋骨做成女人，肋骨是构成身躯，特别是支撑胸腔的一个元素，所以好女人是可以塑造男人的！好女人是山，端庄大方；好女人是水，柔情蜜意；好女人是书，满腹经纶；好女人是港，安全可靠！

如果我们懂得了角色的转换，在你的丈夫面前，你可能有时是他的妻子，有时是他的母亲，有时是他的女儿，有时甚至是他的情人。将自己的角色做一个非常好的安排和处理，婚姻会更幸福！

男人有时候像个大孩子。男孩子管家里最亲的人叫"娘"，等他结了婚之后，他称这个迎娶过来的女人为新"娘"子。新娘子好像是另外一个"娘"，接着照顾他。男人结婚，带回家一个小女人，一个来照顾他的人；女人结婚，带回家一个大男孩。这也是为什么女人需要照顾男人，而男人应该体贴女人的道理。

婚姻解体犹如企业倒闭，大抵是由于经营不善。但遗憾的是，研究企业经营的大有人在，关注婚姻经营的却寥寥无几。我就经常碰到这样的案例，一些社会精英把企业搞得风生水起，婚姻关系却一塌糊涂。他们在外面世界打拼十分辛苦，好不容易回到家的港湾，却依然得不到感情的抚慰。他们是经营高手，却没把心思用在婚姻上，甚至不知道幸福的婚姻是经营出来的。

案 例

我的一个朋友就是个典型例子。她是女强人，工作能力特别强，曾临危受命，将一个亏损严重、濒临倒闭的企业起死回生。然而就是这么一个力挽狂澜的女人，却一度在婚姻危机面前束手无策。在得知我除了讲经济课程之外，偶尔还客串讲授婚姻课程，她对我说："李老师，你可以把我的故事讲给别人听，我希望自己的教训能对其他人起到警示的作用！"

原来，结婚十几年来，她一心扑在工作上，家里大小事情几乎全由老公分担。而且，她在家里也是领导作风，说一不二，丈夫和儿子都惧她几分。没想到，丈夫逐渐厌倦了这种生活，最终向她提出了离婚，连春节都不在家里过了。这件事令她十分苦闷，甚至觉得工作都失去了意义。一个领导看出了她心事重重，一语点醒梦中人："你把企业经营得这么好，怎么就不懂得经营婚姻呢？"

她下决心改变。不久后的一天，她下班回到家，正准备开门时，发现自己没带钥匙。当时天色已经很晚了，她知道丈夫、儿子一定在家，于是开始敲门、打家中电话和丈夫手机。但是，无论她怎样拍打房门，都没有人出来给她开门。她又急又气，要是在往常，她早就开始扯开嗓子骂人了，但一想到和领导那段关于"婚姻经营"的谈话，便强压住火气，开始想办法。她家住在一楼，平常总有一个窗户关不严，于是她不再敲门，而是绕到窗户底下，推开窗户爬了进去。当她梳洗完毕，准备躺下的时候，丈夫醒来了，问她怎么回事。按照以前的风格，她难免展开一场"批斗会"，但这次她没有，只是淡淡地说："你玩笑开得也太大了！"然后便若无其事地睡了。

第二天早上起来的时候，她意外地发现丈夫已经把早餐做好了，坐在餐桌边等她。这种场景已经很久没有出现了，她一时间感动得落了泪，感慨道："家中有一个男人在关怀着你，这是多么幸福！"

幸运的是，由于改进及时，我这位企业家朋友的婚姻危机终于化险为夷，丈夫重新担起了"管家"的角色，使她可以心无旁骛地投入工作。前不久，她儿子半夜得了急性肠胃炎，她丈夫根本没吵醒她，悄悄带儿子去医院打点滴，折腾了一宿，到清晨才拖着疲惫的身体回来。如果不是这次婚姻危机，她现在依然觉得丈夫做这种事情是理所应当的，但现在她懂得了感恩和感谢："这个家有两个人撑着，真的比一个人撑着要好得多！"她由衷地告诉我："李老师，以前我对丈夫和孩子总有一大堆指责和不满，现在我才认识到我不可以这样子，我应该去迁就、理解和宽容别人，婚姻不经营真的不行！"

不要把离婚当口头禅

我的手机里常常会收到有趣的短信，比如：
以前提到结婚，想到天长地久；现在提到结婚，想到能撑多久！

当初结婚，说是看上眼；后来离婚，说是看走眼！

以前的人，视婚姻为一辈子；现在的人，视婚姻为一阵子！

把这些短信当笑话看，真是每条都很有趣，但是从严肃的一面来看婚姻，每条都让人忧心！国人对婚姻的态度，怎么会变成这个样子呢？

有人在北京做过一项关于离婚的调查，发现现在的"家庭琐事"成为离婚的主要原因，也就是说离婚的理由变得越来越微不足道。这是个令人担忧的警讯！它动摇了婚姻的神圣性，也摧毁了婚姻的价值观。婚前我们强调的是自由与权利——选择你所爱的，婚后更多强调的是责任与义务——爱你当初所选择的。婚姻不是儿戏，双方对婚姻均应有一份起码的尊重。但现在很多时候，夫妻之间只是因为一些小矛盾，彼此赌气，再加上任性和不认输的性格，谁也不肯先向谁低头，轻易就说出"我们离婚吧"，另一个人接着就说："好吧！离就离！"就这样轻易地离婚了！这在过去是非常不可思议的事情，但是现在大家却对此习以为常了。好像只有离婚是能够了断一切不和谐因素的唯一途径。离婚几乎成了一种趋势，甚至有人调侃说，现在见面的问候语不再是"你还好吗"，而是"你离了吗"。这是一种不良的社会现象，也是对自己人生不负责的表现。

轻率的离婚和轻率的结婚一样，受伤害最大的是女人和孩子。我常跟朋友讲："如果你们的婚姻发生了危机，真的要离异的时候，千万不要选择在孩子13岁到18岁之间。"因为这个时期是孩子的青春期，孩子思想还不太成熟，叛逆心又重。夫妻间的诸多争执与冲突，孩子都会看在眼里，他会觉得："你们这样恨对方，为什么要结婚？为什么还要生下我？"他认为自己是个多余的人，结果不仅恨父母，而且恨自己，更可怕的是恨社会，恨所有的人。这极有可能会造成青春期发育中的孩子人格的扭曲，对其未来一生的发展影响极坏。

在美国我有一个朋友，在儿子13岁时离婚，因为离婚时双方都是以非常激烈的方式进行，对儿子的心灵成长造成了很大的阴影。后来她的儿子永远是斜眼看人，目光中充满了仇恨和敌视，真是把孩子的一生都毁了。

《诗经》上对婚姻的祝福是"执子之手，与子偕老"。意思就是说：牵着你的手，和你一起到终老。这是何等神圣的宣告，何等动人的情操！民国初年，白话文的倡导者胡适先生，无论在学术上还是思想上，都是位受人尊敬的人。他早年留学美国，一生得到35个荣誉博士学位，通晓古今，学贯中西。他的婚姻更是让人敬佩不已。他在留美期间，奉母命回国结婚，他的妻子江冬秀，不但没进过学堂念过书，还是裹小脚的。他们的婚姻完全是旧式婚姻，无论从哪个角度看，两人之间差距都很大。而且当时胡适心中已有心仪的对象。但是胡适既没闹家庭革命，也没郁郁终生。最让人钦佩的是，他这一生都和江冬秀相扶相依，他教妻子读书写字，妻子用心料理他的起居生活。他尊重他的妻子，和她牵手到老。他曾说过："我是为亲情结婚的，而不是为爱情结婚的。"胡适对婚姻的态度，情操高贵让人感动，和同一个年代的徐志摩对待婚姻的态度迥然不同。这也看出，不平凡的人物皆有其不平凡的胸襟气度！

有一首很动人的流行歌曲叫《最浪漫的事》，歌词是："我能想到最浪漫的事，就是和你一起慢慢变老，一路上收藏点点滴滴的欢笑，留到以后坐着摇椅慢慢聊；我能想到最浪漫的事，就是和你一起慢慢变老，直到我们老得哪儿也去不了，你还依然把我当成手心里的宝……"

这就是不离不弃的婚姻态度，是对婚姻的忠贞、对婚姻的负责，同时也让人享受到婚姻生活所带来的美好人生！

夫妻之间，还要推动一种互惠性。所谓互惠性，就是"如果你喜欢我，你就必须对我做出一种好的评价"。也就是说，当我们被人喜欢、被人赞扬时，我们也倾向于向对方回馈这些感受和评价。

例如吃饭的时候，丈夫称赞妻子说："你今天做的菜真好吃！"妻子就应该响应说："是你辛苦赚钱，才能让我买这么好的菜来做啊！"妻子看到丈夫下班回来，开门就说："你今天上班真是辛苦了。"丈夫就该回应："你在家做了一天家务事，又要带孩子，不比我更辛苦吗！"

互惠性是人际关系中一种特殊的吸引力。当我们和陌生人交往时，我们会更表现得可亲、乐于助人、坦白直率，因为我们希望对方对我们也做出积极的评价。这种互惠性，会使朋友或夫妻间愉快地相处，而且关系良好。经常用在夫妻间，就像机器的润滑油一样，可以使婚姻这部机器永远保持很好的运转。夫妻双方要经常注意到这种互惠性的推动，它可以让婚姻生活变得幸福快乐，让彼此的感情越来越亲密。

没有十全十美的婚姻

彼此厌倦、失去新鲜感，是正常婚姻都会出现的问题。有的女性婚后在家中不注意修饰，丈夫每天在外面看见其他女性都装扮得漂亮得体，好似一本书的精装版，引人注目。而回到家后，看到自己妻子的衣着平庸，好似一本书的平装版。久而久之，妻子对他就失去了原有的吸引力，婚姻中存在的一些问题也就更容易凸显出来了。

如果在婚姻出现问题前有意识防范，在婚姻出现问题后尽快想办法解决，这样可以将婚姻带入一个新的阶段。

大多数人的婚姻观沿着这样的轨迹发展：二十多岁拒绝婚姻，三十多岁向往婚姻，四十多岁厌倦婚姻，五十多岁理解婚姻，六十多岁享受婚姻。但是，也有少数人早早就理解了婚姻的实质，提前享受到了婚姻的美妙，并受益于健康美满的家庭，双双获得事业的进步和心智的完善。这些人懂得用心经营婚姻，深谙夫妻之间的相处之道，因此避开了婚姻旅途中的暗礁浅滩。

不幸的是，越来越多的人在婚姻中途迷航，纷纷加入日益汹涌的离婚大潮。据中国《社会蓝皮书》披露，近年来我国一些城市的离婚率直线攀升。2015年中国离婚总数为384万对，占全年结婚总数1224万对的31%，也就是每十对新人在结婚时，就有三对旧人在离婚。以全国离婚率最高的北京为例，离婚人数已占到结婚人数的50.9%，也就是每两对情侣结婚，就有一对夫妻离婚。事实上，根据专家研究结果，在所有离婚案例中，有2／3的离婚案例其实是可以避免的，即这些婚姻并没有达到非离婚不可的程度，夫妻间没有本质上的矛盾，只是由于夫妻都没有用心经营，失去新鲜感，彼此不满，导致问题重重，最后只好分道扬镳。

案　例

我的一位女学生，就是离了婚又再婚的。虽然第二任丈夫很优秀，但她依然后悔结束第一段婚姻："如果能重来，我一定不会选择离婚的。回想起来，那时很多问题其实都不算问题，并没有到不可挽救的地步。现在我们各自又分别组建了家庭，新的婚姻问题不比过去少，而且生活比以前复杂多了。"

原来，她和前夫所生的儿子判给了她，儿子渴望父爱，她不得不常带着儿子和前夫接触。孩子到了青春期，需要沟通的问题很多，他们需要时常打电话沟通。而她现任丈夫也有一个十几岁的女儿，他也一样为了女儿要常和前妻联系。生活中牵扯这么多人，而且涉及时间、精力和金钱的分配问题，因此难免会产生摩擦和误会，这令她和现任丈夫也口角不断。虽然离了婚，但责任一点没少，加之每个人的工作都非常忙，这使得他们四个人都疲于奔命。

"当时我因为第一任丈夫有很多缺点而不满，现在看来，第二任丈夫其实也不完美！每个人都有优、缺点，错就错在我当时连这么简单的道理都忽视了，丝毫没有想去把婚姻经营好，而是一不满意就争吵，吵到最后无法收拾，只有离婚了。现在面对这么多的离婚'后遗症'，才发现离婚的代价实在太大了！"

要知道，再婚并不比维系上一段婚姻更为容易。如果不努力经营，激情淡去时，未来依然会面临同样的问题。彼此厌倦、失去新鲜感，是正常婚姻都会出现的问题，如果有意识防范、想办法解决，它们完全可以成为婚姻进入新阶段的起点。

况且，有很多离了婚的女性朋友根本无法找到再婚的机会。一个婚姻研究小组连续三年跟踪调查110对离婚夫妻。在这三年时间中，有70％左右的离婚男人再婚，但只有6％的女人再婚。女人再婚要比男人困难得多。从年龄上讲，再婚男人选择范围广，既可以找年龄相仿的再婚女人，也可以找未婚女子，而同样年龄的女人则处于劣势。

另一个主要因素是，男人倾向于与情感经历相对简单的女人结合。离婚女性，如果还带着孩子的话，往往被男人视为复杂、负担重而不愿接受。

案　例

有一位七十多岁的老先生患了重病，即将走完人生旅程。得知消息后，孩子们纷纷回家看望和陪伴他。令人意想不到的是，病榻之上的老人居然对孩子们说了这样一番话："你们必须帮我做一件事，那就是马上替我与你们的母亲办理离婚手续。"孩子们听了都非常震惊，以为父亲病糊涂了，没想到老先生继续说道："我与你们的母亲年轻时就性格不合，这几十年来我过得非常痛苦，过去因为你们都还小，我担心离婚对你们的身心造成伤害。后来你们上大学了，为了你们工作、组建家庭我们也没法离。现在我的生命马上就要终止了，再也没有什么可顾忌的了，终于可以说出心里话……这几十年来我受够了她，实在不能忍受死后还要和这个女人葬在一起，所以我一定要在生前与她离婚……"

上面讲的是一个真实的故事。实在很难想象，这位老人和他的妻子在一起生活了一辈子，临终前唯一的愿望竟然是和她划清界限。若不是对一个人厌恶到了极点，谁会这么绝情、不留一丝余地呢？我们且不论这两位老人之间到底有何恩怨，谁是谁非，仅是自己的丈夫连死后都不愿意和自己葬在一起这一事实，对任何一个女人来说都是十分可悲和无地自容的。所以，女性朋友千万要引以为戒，修炼自身，善待伴侣，莫要像这个故事中的妻子一样，将自己的男人逼到无法相容的地步。

千年修得共枕眠。共同走进婚姻、组建家庭绝非偶然，它是年轻时爱情的见证，是彼此努力的结果。因此，珍惜情缘，莫要碰到困难就分手，不满现状就离婚。

很多人把自己婚姻不幸福归咎于选错了对象，但事实上，大部分长久的婚姻就是将错就错，因为这世上本就没有十全十美的婚姻。

须知婚姻之树不会无缘无故地常青，携手走向夕阳并非看上去那么温馨，它需要爱情做种子，信任做土壤，以夫妻双方的呵护为雨露，有共同的生活目标做阳光……总之一句话，婚姻一定需要经营。那么，在现实生活中，具体应该怎样做呢？

信任是夫妻关系的基石

我们先来听个故事：

颜回是孔子最得意的门生。有一次孔子周游列国，困于陈蔡，七天没饭吃。颜回好不容易找到一点米，赶紧煮饭。米饭将熟之际，孔子闻香抬头，恰好看到颜回用勺挖出一团米饭送入口中。等到颜回请孔子吃饭，孔子假装说："我刚刚梦到我父亲，想用这干净的白饭来祭他。"颜回连忙说："不行！这饭不干净，刚才烧饭时有烟灰掉入锅中，弃之可惜，我便挖出来吃掉了。"孔子这才知道错怪颜回，心中相当感慨，当下对弟子说："所信者目也，而目犹不可信；所恃者心也，而心犹不足恃。弟子记之，知人固不易矣！"

孔子的意思是说：自己相信的，是自己眼睛所看到的，但是有时眼睛所看到的都不可信；自己依仗内心评判，但心一样有时也是不可靠的。

由此可见，人与人之间的信任是多么难以建立。信任很难获得，却极易失去，并且几乎不可能重新赢得。目前中国社会的信任危机已经成为一大社会问题，转型时期社会缺乏统一的价值观念，人们不知道该去相信什么，人与人之间也互不信任。这种信任危机也深刻地体现在两性关系中，随着情感忠贞观念的日渐没落，信任，这个本来是婚姻关系中的基本要素，渐渐变成"奢侈品"，取而代之的是相互怀疑、相互设防，无数家庭受此困扰，失去欢乐。

案 例

记得有一次在清华大学讲完课，一位男同学向我讨教"治疗"妻子疑心病的方法。原来，他这几年事业做得不错，就让妻子辞了职在家休息。本来出发点是好的，他心疼妻子天天上班，回家还要做家务，异常辛苦，希望她不必工作，生活节奏慢点，可以好好安排一下生活。头一年还好，可到了第二年，没想到他妻子却渐渐变得"不正常"了，经常和他无理取闹。只要他手机一响，就要跑过来查看是谁打给他的。如果是女人打来的，更是刨根问底："哪个女人打来的？谈什么事情？为什么这个时候打来？"他收到短信时妻子也马上凑过来看。有时候他从外面应酬回到家，妻子就要他一一汇报和谁应酬，有没有女人，是什么背景，和对方讲了什么话……

"李老师，她简直把我当贼一样防着，我一点个人空间都没有了！其实我对妻子根本没有二心，她天天这样监视我，让我真的很不舒服。再这样下去，我真担心婚姻会出问题，您看我该怎么办？"

那么，夫妻之间如何建立互信的基础呢？就是要忠于婚姻，彼此都不要去怀疑，或者说不要无理取闹。孔子曾说："唯女子与小人难养也。"孔子说这句话的背景是在封建体制之下的，女人由于不读书，跟外界接触少，所以见识浅薄，容易无理取闹。但现在社会不一样了，女

性接受教育，与男性有着相同的权利，享有平等的机会。再放任自己的
"疑心病"，就失去现代女性的可爱了。

> 要知道，婚姻的另一个基本需求是双方在婚姻中仍享有个人的
> 生活空间，这是以信任为基础的，没有信任的婚姻不会有个人自
> 由，而这份自由犹如新鲜的空气，可以为婚姻注入更多活力。

每个人都有掌控自己生活而不愿被人控制的需求，即便是在婚姻
中，也应该享有爱好、交际、娱乐等方面的自由。当然这种自由应该是
在尊重对方和忠于婚姻的基础之上的。如果这种观念不被对方理解，甚
至被其控制时，人就会本能地防卫和愤怒，感受到压抑，甚至会有逃离
婚姻的念头。

我猜想，这位男学生的妻子一定非常爱他，只是不知道如何去爱，
结果"爱"得使丈夫反感了，夫妻之间的距离反而拉大了。我建议那位
妻子来听一堂我讲的关于女性修养的课程。在课堂上，我着重讲了如何
正确地维系一段婚姻。之后，这位妻子的心态和行动大有改观。2008年
奥运会前夕，我收到一个小包裹，正是这个男同学寄来的，包裹中是一
枚奥运纪念章，还附有一封短信："李老师，昨晚我刚出差回来，在妻
子打开门的一刹那，她眼光中流露出了久违的信任和温馨的目光！我们
夫妻又找到了以前的感觉。十分感谢你！"

因此我们要提醒女性：不要让你的爱成为爱人的负担，不要以爱的
名义去做伤害爱的事。

女人的成熟
比成功更重要

　　和前面那对夫妻相似，但这个故事中的男女主角则没那么幸运，最终却以分手告终，一个令人艳羡的家庭解体，实在令人欷歔！他俩是我在台湾大学的学长学姐，他们学业优秀，毕业后一起到美国读研究生，两人都是事业型的，夫妻携手并进，令人好不羡慕！

　　但两人到了四十多岁，却矛盾丛生。我那学长虽然四十多岁了，但仍一表人才，根本不显老。学姐却因为打拼事业，容颜憔悴，她在美国一个非常好的大学当主管，过度的劳累让她形销骨立，备显老态。从外表上来看，她和丈夫已经形成了鲜明的对比，为此她非常担心丈夫有一天离开她，喜欢上比她年轻貌美的女人。

　　有一天，她丈夫对我说："学妹，我想跟你谈谈，我不知道真正的地狱到底是什么样子，但我觉得过去的七八年，我简直就像生活在地狱里！我跟她当年是非常相爱的，但这些年，我不知道是我变了，还是她变了，我们之间一点信任都没有了。有时候，隔壁的邻居，一位六十多岁的老太太跟我说句话，她也要问个清楚，跟那个老太太说了什么，每一句话都要我重复一遍，否则她就很不高兴。邻居有一个女孩，十七八岁，开车经过时停下来和我说几句话，被她看见，也要追问我们到底说了什么，好像所有女人都和我有说不清的关系一样。她把我当贼防着，每天当我上床准备休息，她就开始数落，抱怨种种对我的不满，我觉得自己似乎睡在一个债主的身边，天天被讨债……所以，求你不要再劝我们和好了吧！"

　　听了他这句话，我放弃了帮助他们。一个事业成功的女性，却在婚姻中完全丧失自信，最终逼得丈夫与自己离婚，不能不说是人生的悲剧。信任是简单的事情，没有特别深刻的道理可讲，但真正建立起对他人的信任确实非常困难。不自信的人很难相信人，因为他们连自己都怀疑，更难相信他人对自己的爱。失去了信任的基石，夫妻关系又能坚持多久呢？

学会欣赏丈夫的长处

案 例

有一次我到S市讲课，正好碰到一位女学生，是我的同乡，她热情地邀请我去她经营的饭店吃饭。席间我才知道，她丈夫也陪同她听了我的课，那是一位很朴实的男士。我们一共七八个人用餐，他礼貌又热情地照顾大家。但吃饭时，讲话的一直是我的女学生，介绍他们创业的经历和心得，并且不经意地提到他们夫妇的分工：她主外，他主内，由于丈夫能力差，所以他主要负责买买菜、跟厨师打打交道。

第二天我要走了，她坚持到机场送我。在路上，我对她说："昨天用餐时你介绍饭店的经营情况，似乎里里外外都是你一个人在打理，你先生只是帮一些小忙。他也许没有你主外的能力，但并非一直袖手旁观，厨房的工作对于饭店来讲也是非常重要的。你有没有想过，如果没有他在，只是你一个人，能否把一切照应过来？他没有达到你所期望的程度，但并非没有长处，你要学会欣赏他这些长处。尤其昨天你当着那么多人批评他，会让男人觉得没有自尊。最好以鼓励代替批评，比如称赞他在厨房帮忙尽心尽力，给你分担了不少负担等，他听了会很开心，你们的合作会更愉快。"

这位女同学听了我的意见后，不断地感谢，她说："从没有人告诉我夫妻之间应该怎样相处，我也从没想过在别人面前该怎样评价丈夫。我真的需要补补这一课，李老师，您提醒得太及时了！"

从她评价丈夫时候的神态、口气，我就能判断出她的心态存在一些问题，对丈夫更多的是不满，甚至轻视，缺乏应有的尊重。但尊重和轻视恰恰是一对互斥力，轻视可以将最幸福的婚姻关系瓦解，尊重则能拯救即将破裂的婚姻。前面我们已经说过，尊重才是男人前进的动力之源，妻子只有多肯定丈夫，才能得到她真正想要的结果，才能树立丈夫的信心，增加其责任感，他会因此更努力地投入工作，他们的婚姻也会步入良性发展的轨道。

任何人都希望得到别人的认可。要满足别人的这个愿望并不难，只要乐于寻找，很容易就可以发现他（她）身上的闪光点。我们往往不吝啬对同事或朋友的赞美，却常常忽视身边最亲的人。在结婚前，伴侣为你做一点小事你都会十分感动，但生活得久了，反而对其付出熟视无睹，还拿起"放大镜"来挑对方的毛病。这是婚姻关系走向平淡甚至恶化的信号。为什么不尝试用"放大镜"来看看对方的优点呢？你会发现，原来他默默为你、为这个家做了那么多事情，你应该用一颗感激的心去赞扬、去欣赏才对呀！

我们现在的社会婚恋教育非常匮乏。的确，学校可以教授很多科学知识，为人们走上社会谋生提供生存技能。但是，学校不会教导一个女性如何做妻子、怎么当母亲，而很多家庭的这项功能也是缺失或指导有误的。因此，有个别离了婚的女学生听了我的课之后，不无遗憾地表示："如果能够早听到您的课，我的婚姻也许就不会走到尽头，原来在婚姻里有这么多窍门，我以前都不知道！"

左右手都是你的手

婚姻像什么？有人说婚姻像一把伞，在有风雨烈日的时候，这把伞可以为自己挡风遮雨。生活中有了这把伞，我们才容易感觉舒服，但是在平常的日子里多了这把伞也多了份累赘。有人说单身的人是动物，想去哪里去哪里，结了婚的人是植物，移动不移动不是自己说了算，一旦有了孩子就成了矿物，想动一下比登泰山都难。在自嘲的同时，我们也必须发现，人类车轮滚滚向前，我们中的绝大部分人还是会在婚姻中寻找归宿。因为虽然婚姻会给我们带来制约，让我们丧失一些自我和自由，但同时它也让我们在风雨烈日中感到安全。

有专家研究，爱情是彼此之间产生的化学反应。这种化学反应分为两个阶段，第一阶段是头脑和下半身的结合，而第二阶段就到了头脑与心灵的结合。到了第二阶段时，爱情就转化成亲情了，我们就永远成了彼此的另一半。

有些男人开玩笑说："摸着情人的手，有一股暖流涌上心头；摸着老婆的手，简直就是左手握右手！"但是不要忘了左手和右手都是自己的手，都是值得信赖的手。一只手没有了，你就会成为残疾人。就是把你的一个手指头切掉，或者只是割伤了，你都会痛彻心扉。当然这种亲情的转化通常需要一点时间。

案　例

有一对夫妻经常争吵，但是他们看到隔壁邻居也是一对比较年轻的夫妻，人家却相安无事，非常和谐。他们觉得很奇怪：都是刚刚结婚不久，为什么自己家会有这么多争吵而别人家却没事呢？有一天，他们就到隔壁邻居家去取经，发现一旦他们家里出了什么事，这对年轻的夫妇都会抢着说"这是我的错"，两个人都争着当坏人。反观自己的家里，夫妻在争吵的时候，都争着当好人，认为都是对方的错，就一直在指责对方。两个家庭发生矛盾后不同的处理方法，自然导致了不同的生活状态。

一般情况下，年轻人在还没有步入婚姻殿堂的时候，最好是拿着放大镜和显微镜去观察对方，看他的优点和缺点。当觉得对方的缺点还能够包容、还能够接受的时候，就和对方结婚。而婚后需要戴上老花镜来看对方，也就是说不必什么事情都看得那么清楚。人生很短暂，过度地去计较很多事情真的很累，既浪费时间又浪费精力，尤其是结婚久了以后，有摩擦的时候不要口无遮拦，恶语相向，否则说出去的话就如泼出去的水，再也收不回来了。所以不能够在意气用事的时候说一些过头的话，做一些随意的事。

婚姻就是这样，如果两个人还能凑合着过下去，就尽量不要离婚。因为不管什么时候离婚都等于是把你的一只手截掉，那些痛楚是需要很多年才能修补回来的，有的甚至一辈子都修补不回来了。即使修补上了，也会留下一个很大的伤疤，有时候都不敢去碰它，因为它给我们造成的伤害实在是太大了。

请降低对丈夫的期望值

很多女人都期待丈夫能给自己完美无缺的爱，时刻关注自己的感受，但这样的期待往往会落空。于是乎有的女人便哀怨起来，认为自己不够幸福，丈夫不够爱自己。我想强调的一点是：幸福不是一种别人给你的"东西"，它是你自己的一种内在的生命状态。如果女人能够在对丈夫一再的期待落空之后，不再要求对方做到，而是质疑自己的期待是否合适，将注意力放在自己身上，好好爱自己，那么幸福感就会增强很多……

案 例

我结婚已经十多年了，和老公是大学认识的，他追的我。刚结婚时他对我还不错，一直是他付出很多情感，而我不需要走心，只要回应他就可以了。但是随着孩子的出生，我逐渐把重心放在家庭上，他工作发展不错，事业越来越忙。慢慢地我们两个好像调过来了，他对我越来越不上心，我对他的关注远胜于他对我的关注，这种状态让我很不适应。

举个例子，他出差时很少往家里拨电话，而我总记挂他的冷暖。不知道为什么，我从他的语气里总能捕捉到一丝丝不耐烦，这样的事让我很郁闷。我问自己干吗那么在意这些小事儿，试图不受他的影响。但是很难，我很难不被他影响，心情变得压抑、沮丧，有时候自己一连会生好几天的气。有时候我赌气好几天不理他，不给他打电话，而他似乎对此毫无感觉，丝毫没有察觉到我生气了，也从不过问我生气的事。

有时候我实在憋不住了，就打电话或者发信息告诉他："那天你对我说话的态度让我伤心了"等。他会很快道歉，叫我不要生气。但就这么一句简单的话，再没有别的安慰。我觉得很失望，认为问题没有解决。因为他没看到自己的过失，没认识到自己哪里错了。于是我就会很具体地告诉他他哪里错了，建议我们以后要好好交流、好好跟对方说话，不要不耐烦。

可问题是，他内心根本就没认为自己做错。因为只要我再多说两句，他立刻就变得不耐烦，强调自己的态度根本就没问题，反而责怪我不理解他，他那么辛苦赚钱，我却无理取闹。话不投机，越说越气，我们只好都把电话挂了。

我感到很迷茫，不知道自己错在哪里了。夫妻之间难道不该好好说话吗？他像个刺猬，我稍微凑近一些就会被他扎到；我总在关心和付出，他却连尊重都不给我；我期望他能体会到我的善意，但他似乎不以为意。

我听过您的课，您说过女人要适当降低自己的期望值，可是我该如何降低对他的期望值呢？他确实严重地影响着我的心绪。这些话我不可能对父母讲，也没法对朋友讲，因为他们帮不了我，希望您能帮助我，帮我找到快乐的过去，让我们俩的感情好起来。

别总叫男人哄你

夫妻对彼此当然都会有期待，这是现代社会家庭角色分工的必然结果。比如，大多数男人都希望女人顾家，他们回到家中，能吃到可口的饭菜，居室温馨整洁。大多数女人期待男人能养家，至少不要比自己挣得少，脏活累活男人能主动分担，有危险时男人能挡在前头保护自己。这些期待都是正常的，普遍被大多数人所接受，既定的角色期待和社会规范会让两性都有据可依，会让生活变得简单。

但不要期望对方太多，尤其不要期待对方时时赐予你愉快的情绪。我所说的女人要把自己对伴侣的期望值管理好，很大程度上就是指对情绪的管理，也就是说别叫男人总花心思哄你。

男女两性对于情绪的需求和满足有很大的差别，女人非常需要情绪和情感的满足，这一点无论婚前婚后都如此。男人则明显偏重理性，尤其是事业型的男人，理性帮助他们在这个社会谋得一席之地，他们用头脑的时间远远高于用心的时间。再加上现代社会竞争压力都很大，人也会变得较为粗糙，很多男人不是不愿意体会妻子的心，只是过分粗糙的打磨使他们变得缺乏感受力，丧失了"谈情说爱"的能力。

聪明的女人自己内心要有一个屏风，保护自己的好情绪，抵挡男人的坏情绪，甚至幽默地化解坏情绪，帮男人解压，让男人如沐春风。如果女人像谈判一般地要求对方，则很可能遭到对方下意识的抵制。男人忙工作的时候，要给他空间去忙。等他忙够了忙累了，真心认识到自己忽视了家庭和妻子的时候，自然会真心诚意的改正——而男人的改正也多以行动、少以语言。

　　所以，女人要学会降低一部分期望值，自己给自己找乐子，多心疼和关爱自己，少和丈夫较真儿。具体的方法有很多，比如转移注意力，多花心思做工作，多做自己感兴趣的事，多交一些正能量朋友，多读读书开阔视野，多去旅行见识大千世界，想办法让自己开心。总之，快乐如果依附在他人身上是最可悲的事了，一句话，女人还是要精神独立。

做好"期望管理"

　　感受是一种情绪，而情绪是处于不断变化中的。在婚姻生活中，我们会对对方有许多期待，当期待得到满足时，我们会兴奋、快乐，但当期待落空时，我们会失望、难过，同时也会对对方产生不满。因为不满，就会产生负面的情绪，这情绪或累积或扩散，都会影响到夫妻的关系，进而影响到婚姻的品质。所以，如何做好期望管理，在女性的自我修养上是重要的课题。

　　经常有这种情况：妻子在家做了一桌丰盛的晚餐，一边准备饭菜，一边在想着丈夫回来看到饭菜会有多么开心，或是妻子买了一件漂亮裙子，穿在身上等着丈夫夸赞。然而很可能丈夫正被工作弄得焦头烂额，一进家门就坐在沙发上懒得理人，对满桌饭菜或新裙子无动于衷，妻子没有得到一句预期中想要的赞美的话。

当丈夫的情绪不好的时候，只有等他从自己的世界走出来，才能注意到妻子的用心。他会因为内疚而生出更多的爱、更高的赞扬，以感谢妻子的贤惠和理解。

但对方忽视自己，这是女人最受不了的。尤其是期望值非常高的时候，巨大的落差使她们无法承受，她们会率先发起攻势，心烦意乱的丈夫看到妻子剑拔弩张，一场狂风暴雨在所难免。争吵既伤感情又伤身体，如果想避免争吵、避免失落，就要做好期望管理的内修课。因此，我不建议妻子完全迁就另一半，而没有自己。成熟的女人有颗淡定从容的心，在得失之间自然会拿捏分寸。

不过，有一种期望是不合理的、不切实际的。那就是："如果他爱我，不用我说，他也会知道我的想法。"自己不说，让别人猜，别人不愿意猜或者猜不到，自己独自烦恼。这恐怕就是一些自怨自艾的女人的可悲之处。但事实上，一个人不会自觉地体验到别人的想法，尤其是男女两性的思维方式有很大差异，所以男人一般很难猜透女人真正的内心。成熟的女性多会通过直接表达或者暗示的方法进行沟通。

期望值的落空，其中还有一个很重要的原因就是，我们常以自己的方式去爱对方，而不能从对方的角度出发，用他（她）想要的那种方式去爱。在这里，我和大家分享一篇值得深思的短文：

幸福的路径——做对方要的

我的母亲是个非常好的人，自小我就看到她努力地维持一个家。

她总是在清晨五时起床，煮一锅热腾腾的稀饭给父亲吃，因为父亲胃不好，然后，还要煮一锅干饭给孩子吃，因为孩子正在发育。母亲总是经常弯着腰刷锅子，我们家的锅子每一个都可以当镜子用。她也常常蹲在地上擦地板，家里的地板比别人家的床头还干净。我母亲是个认真辛劳的好女人。

然而，在我父亲的眼中，她却不是一个好伴侣。在我成长的过程中，父亲不止一次地表示他在婚姻中的孤单，不被了解。

我的父亲是个负责的男人。他不抽烟、不喝酒，工作认真，每天准时上下班，暑假还安排功课表，安排孩子们的作息，他是个尽责的父亲。他喜欢下棋、写书法，沉浸在古书的世界。我的父亲是个好男人。

只是，在我母亲的眼中，他也不是一个好伴侣，我成长的过程中，我经常看到母亲在院子的角落中，暗暗无声地掉泪。父亲用语言，母亲用行动，表达了他们在婚姻中所面对的痛苦。

成长的过程中，我看到、听到父亲与母亲在婚姻中的无奈，也看到、感受到他们是如此好的男人与女人，他们本应该成就一桩好婚姻。我也一直在困惑中成长，我问自己：两个好人为什么没有好的婚姻？

我长大后，进入婚姻殿堂，渐渐了解了这个问题的答案。

在婚姻的初期，我就像母亲一样，努力持家，努力地刷锅子、擦地板，认真地为自己的婚姻而努力。奇怪的是，我不快乐，看看我的先生，似乎他也不快乐。我心中想，大概是地板不够干净、饭菜烧得不够好，于是，我更努力擦地板，用心做饭。但是，我们两个人还是不快乐。

直到有一天，我正忙着擦地板时，先生说："老婆，来陪我听一下音乐！"

我不悦地说："没看到我还有一大半的地方还没有擦嘛！"这话一出口，我呆住了，好熟悉的一句话，在我父母的婚姻中，母亲也经常这样对父亲说。我正在重演父母的婚姻，也重复他们在婚姻中的不快乐。有一些领悟出现在我的心中。

"你要的是？"我停下手边的工作，看着先生，想到我父亲……他一直在婚姻中得不到他要的陪伴，母亲刷锅子的时间比陪他的时间长。她给父亲一个干净的家，却从未陪伴他，她用她的方法在爱父亲，这个方法是"做家事"。而我也用我的方法在爱着我的先生。

于是，我停下手边的工作，坐到先生的身边陪他听音乐，远远地看着地上擦地板的抹布，像是看着母亲的命运。

我问先生："你需要什么？"

"我需要你陪我听听音乐，家里脏一点没关系呀！"先生说。

"我以为你需要家里干净，有人煮饭给你吃，有人为你洗衣服……"我说了一大串应该是他需要的事。

"那些都是次要的呀！"先生说，"我最希望你陪陪我。"

这个结果实在令我大吃一惊。我们继续分享彼此的需要，才发现他也做了不少无用功。我们都用自己的方式在爱对方，而不是以对方的方式。自此以后，我们相互列了一张对方的需要表，把它放在各自的书桌前。表里洋洋洒洒列了十几项需求，像是有空陪对方听音乐，有机会抱抱对方，听我说话，不要给建议……我们在彼此需求的满足中，婚姻也越来越有活力。

问对方"你要什么"，这句话开启了婚姻的幸福之路，两个好人终于走上了幸福之路。现在，我也知道父母亲的婚姻为何无法幸福，他们都太执着于用自己的方法爱对方了。只要方法用对，做对方要的，而非自己想给的，好婚姻，绝对是可预期的。

确实，在婚姻生活中，我们常常用自以为是的方式去爱对方，而这方式却不尽然是对方在意的，以致让自己在忙碌中打转、在婚姻中迷失。问对方"你要什么"是开启幸福婚姻的锁匙，很简单的一句话，却是幸福婚姻中的一大助力。

现实生活中处处可见爱的错位。父母坚持用自己的意思爱子女，不管子女能否接受；夫妻之间也用自己的方式爱对方，造成矛盾使期望的落空，导致许多不平与不满，甚或酿成悲剧。

人的一生由不同阶段组成，不同阶段有不同的任务。对女人来说，为人女、为人妻、为人母……每个角色都有不同的脚本。切记，不要以完美的标准去要求自己，也不要以完美的标准去要求别人，大家都放宽心，宽容地接纳自己和他人，欣赏对方的优点，包容对方的缺点。爱一个人，不是改变他成为自己喜欢的样子，而是接受他本来的模样。如果每个人都这样想，这样管理自己，那么婚姻中就能多些宽容，多些笑声，少些争吵，少些折磨！

女人不要制造冲突，男人不要回避矛盾

婚姻生活中的冲突在所难免，但男人和女人在发生冲突时的表现方式是很不一样的。女人讲情，喜欢倾诉，她们会表达很多内心感受，需要男人在情感上给予关注，耐心倾听和接纳。但男人喜欢讲理，不懂得与女人共情，遇到问题直接想办法解决，或给出一堆干巴巴的建议。

案 例

有一个男性朋友在微信朋友圈发牢骚——他下班回到家，看妻子闷闷不乐，就问为什么。妻子开始跟他讲单位里的事，原来是和同事有误会，人际关系出了点儿问题。这位男士听明白之后，列出一、二、三条

建议，教妻子如何应对。结果他妻子的心情非但没变好，反而恼怒了，她说："你以为我是在向你请教怎么处理人际关系吗？难道你认为我真的处理不好吗？"这位男士丈二和尚摸不着头脑，不知道自己哪里得罪了妻子，于是在朋友圈里诉苦求解。

这位朋友不知道，他妻子当时最需要的是他能安安静静把自己的话听完，接纳她的情绪，呵护她的心情。男人在情绪上接纳和理解女人的程度，经常被女人解读为一个男人爱她的深度。有时候问题的大小不重要，男人对待女人的态度才重要。倾听女人，对女人来说已经是一种安慰，其实就已经帮到了她们。女人在倾诉时，如果能感受到男人的倾听和接纳，内心是放松而温暖的，压力就会得到释放，一旦心情变好，她们自己就会找到解决问题的办法。

女人爱说话，爱表达，有时候还情绪化，这些特点有时候让理性、注重效率的男人难以应对。有的男人觉得妻子说话冗长啰唆，没有重点，听起来很心烦，于是干脆打断女人或者神游，这是很不可取的做法，往往会让小事变大、吵架变成战争。

如果男人在女人倾诉时表现得很不耐烦，甚至拂袖而去，这对女人是莫大的伤害。她们会感到异常愤怒和痛苦，这往往会逼迫一部分女性变得更加激烈，说出的话有时像刀子一样无情，这是对男人不顾她们感受的一种报复和无奈。

所以，作为丈夫，请不要逃避和妻子谈话，要试着感受伴侣的心。如果她遇到问题，或者你们之间遇到问题，你的妻子絮絮叨叨，不妨给她多一些耐心，或者建议她冷静下来，用平静的诉说替代没完没了的抱怨。

女人敏感，爱在细节上纠缠，如果男人以一颗包容的心看待这些，并能够理解到：当一个女人没完没了和你说话，撒娇，甚至蛮横，无理取闹，正是因为她爱你，把你当成亲人，无所顾忌，愿意在你面前展现不完美的小女人一面。女人天生情感充沛，她们在倾诉自己的情感时，其实是在努力与你拉近心灵的距离。而当一个女人懒得和你说话时，往往表示她对你的感情早已经淡了。

女人要注意什么呢？说话的方式要注意。爱说话还要会说话，不要用抱怨、指责和批评等方式表达自己的观点，不要滥造冲突。应该学会平心静气好好说话，这样男人才可能耐心倾听，努力理解你的观点，感受你的心。

女人也要了解男人。当男人面临矛盾冲突一触即发时，往往会选择退避三舍。这是因为男性在紧张时，血压会迅速上升，会造成他们生理上的不适，所以本能上会逃避。这也就是夫妻在吵架时男人吵不过、受不了有时只有选择离家的原因。

根据神经脑科学专家的研究，血清素（serotonin）高低与人的情绪、动机、记忆、睡眠水平很有关系。当血清素分泌比较多的时候，人的心情就会比较好。男人制造血清素的速度比女人快52%。所以夫妻在吵完架之后，往往女人还在一旁生闷气，男人已经情绪平复呼呼大睡了。遇到这种情况，女人不要误会男人忽视自己；而男人也应理解女人的特点，耐心听妻子倾诉，让妻子把心中郁结的情绪纾解出来。

女人的成熟
比成功更重要

　　每一次在不同学校给总裁班的企业家们讲"婚姻与家庭"，我都会在课间让他们做一个小游戏。让所有人站起来，每两人一组，背靠背站着，且尽量多靠在对方背上几分钟。游戏做完之后，我让他们依次描述刚才背靠背时的感觉。有的人说："靠在对方背上的时候很舒服，有安全感！"还有人说："当我靠住他的时候，我觉得他也在靠着我。如果我挪开，他可能就会摔倒，所以我不能随便动。"如果有一个人个子特别高，和他背靠背的人个子特别矮，矮个子的就觉得很舒服，而个子高的那个人就会说："我的背有一大半没有东西可靠，觉得很不踏实！"诸如此类，不一一赘述。

　　这个游戏的目的是让他们感受婚姻到底是什么。婚姻分很多种类型，一个婚姻有很多个阶段。有的像第一个人所说的，让你觉得"舒服、安全、有依靠"；有的像第二个人描述的，"不敢随便动，一旦动了就担心另一半会没有支撑"。

　　这是在诠释：婚姻是有责任的，你要给对方一份支撑，对方也要给你支撑，缺一不可。

　　支撑分好几个方面，感情、经济、精神。第三种模式代表什么呢？一个高个子一个矮个子背靠背，象征婚姻中的不对等，或者是受教育程度、双方门第、生活理念、文化价值有差异，或者是付出和需求不对等："我想要的你不能给，你给我的都不是我想要的……"

　　如果感兴趣，夫妻或是情侣都可以做这个游戏，感受一下靠着对方和被别人依靠的感觉，分享彼此的感受、心得……

Chapter 4

性，牵引着幸福

有多少对夫妻的性生活只是匆匆了事走过场，
就有多少个家庭悄悄埋下了情感疏离的种子。

例行公事，激情不再，这是多数夫妻的普遍感觉。然而，有多少对夫妻的性生活只是匆匆了事走过场，就有多少个家庭悄悄埋下了情感疏离的种子。

亲密，绝不只是身体的交流

案 例

李昂洗完澡就再也不想动弹了，他爬上床，头一挨枕头就打起了呼噜。这一刻他终于可以卸下职业经理人的盔甲，将会议和订单暂时抛置脑后，从白天繁重的工作中摆脱出来。然而等待他的还有另一项战斗——妻子林菲轻轻从身后抱住他，凭借背部的触感，他知道她特意穿了那件性感的蕾丝睡裙。虽然毫无兴致，不愿妻子失望的李昂仍旧强打精神应付，完成夫妻功课。

例行公事，激情不再，这是多数夫妻的普遍感觉。然而，有多少对夫妻的性生活只是匆匆了事走过场，就有多少个家庭悄悄埋下了情感疏离的种子。

绝大多数人认为，性爱只是身体交流，这种观点在结婚数年的夫妻中尤为盛行。他们自认为已经是老夫老妻，彼此了解足够透彻，对对方的身体、性格、每个动作、每个反应都熟稔于心，根本不可能燃起激情，也没有再做交流的必要。他们将生活重心放在工作、社交、孩子和家务之中，全然忽视了性爱作为精神和心灵沟通的桥梁作用。殊不知，乏善可陈的夫妻生活、俗务缠身的日常生活，极易销蚀人的精神和信念。久而久之，婚姻逐渐失去爱情的含义，仅剩生育、教育下一代、维持社会关系等意义。然而，婚姻是供给人们情感养分的主要输出端，如果它丧失了这一功能，高度开放的现代社交环境又从客观上提供了新的可能，假使夫妻双方有一人受到外界的诱惑，被崭新的爱情和新鲜的性体验所俘虏，那么根基早已腐朽的婚姻大堤就很容易轰然瓦解。

重新回到李昂的故事：和大多数中年男人一样，他早已过了对性狂热的年纪（男性一般在青春期性需求强烈），36岁的他正处于事业的上升期，工作压力非常之大。他并非不爱自己的妻子，但无奈工作占据了他绝大部分精力；他也并非对性没有需求，只不过绝大多数夜晚他更想好好休息。

女性在35岁到45岁的时候性需求特别强烈，林菲正处在这个年龄段。她能感觉到自己对性的渴望，几乎夜夜都想和丈夫做爱。但她也能明显感觉到丈夫的敷衍和冷淡，有几次他不经意的皱眉或犹豫深深伤害了她的自尊心。她不知道发生了什么，使丈夫的欲望越来越少。究竟是自己做错了什么，还是自己的魅力已经无法再吸引丈夫？一边压抑自己的欲望，一边努力取悦丈夫，林菲真的觉得自己很累。令她伤心的是，付出了这么多之后，每周那两次"争取来的"性生活质量还是令她十分沮丧。

很明显，这对夫妻的性生活出了问题。他们消极的身心交流使彼此不满意。客观上存在需求差异，主观上两人从不沟通和改善，导致他们在婚姻中筑起藩篱。其实，每一对夫妻都不妨试着给性生活打打分：如果只够及格，那你们要学的东西还有很多；如果只有一个人打了高分，那另一方肯定是压抑了不少的负面情绪。性是与生命同在的圣火，没有性的婚姻堪称囚笼，糟糕的性爱侵蚀婚姻的堤坝。性不仅存在于两腿之间，也存在于两耳之间。性不仅可以做，还要"说"，在性爱中掌握沟通和实践的技巧，是所有夫妻一生都要学习的课程。

女人的成熟
比成功更重要

法国夫妻关系治疗师塞尔日和阿让特·维达勒·格拉夫在《探讨性核心》一书中强调："只要能建立起一个顺畅坦诚的性爱沟通渠道，我们可以日复一日、年复一年像新婚一样享受性的愉悦。"性关系长期"不对路"的女人，脸上会显示出比正常女人更多的哀怨与疲惫，而与爱人性关系"对路"的女人，通常会表现得非常自信，韵味十足。

因此，林菲夫妇的问题已不是简单的"一周两次"或"一天一次"的性爱频率问题，问题的关键在于他们并不了解彼此的差异性，只是以自己的思维和对方相处。更糟糕的是他们不约而同地选择了压抑自己的真实感受，伪装出另外一副面孔。

林菲面对丈夫可能露出温柔和期待的表情，但她的内心却在抱怨："你在惩罚我吗？我付出这么多，如果你再不令我满意，我就要收回我的爱了！"与此同时，李昂的内心则是："哦，老天知道我多么疲惫，但我是男人，我要让你快乐，我是多么在乎你，我值得你托付。"

看，两性差异就是这么大！有些婚姻表面上看似风平浪静，实际上则是波涛暗涌，男女双方对很多事物的看法都大相径庭。既然差异和矛盾的存在是永恒的，那么及时有效的沟通则是唯一可以解决的途径。

在亲密关系中伪装是一件特别困难的事，你的伴侣对你细微反应的洞悉有时超出你的想象。一旦他（她）发现真实的你在性生活中"并不想""并不愉快"，伪装满意带给他（她）的伤害要远远大于真实情况。别再任由缺乏营养的性爱花朵继续枯萎下去了，是时候敞开心扉，向你生命中最亲密的人吐露心声了。

男女"性趣"各不同

夫妻之间不应该耻于谈性，要敢于向你最爱的人祖露你的性秘密、你的需求、你的欲望、你的感受……积极的态度是美好性爱的首要因素。

性是神秘的，尤其对于含蓄内敛的中国人来说，说出自己的真实感受犹如向对方交出自己那座神秘花园的钥匙，仿佛一下子失去了安全感。因此，即使那些在竞争激烈的职场上挥洒自如的人，碰到这个问题也会选择三缄其口。

许多夫妻认为谈性是一件庸俗的事，而使双方痛苦多年。还有的人对两性生活有种不正确的理解，如认为人们不必问对方就应该知道伴侣的需要，有的女性认为公开与伴侣谈论自己的性需要会让自己"不像一个受人尊敬的女性"，甚至有人认为对方爱我就应该"读懂我的心"，这些都是误区。

的确，性因神秘而更加美好，但它并不是不可言传的。相反，适时恰当的语言有利于营造温馨浪漫的环境，会令性爱更加激荡美好，增强对方的信心和性生活的质量。

为了提高沟通的效果，沟通的时间、地点和开头很重要。"好时间"是两个人都很放松的时候。"好地方"是两人可以享受私密，没有孩子或嘈杂的环境，可以安静说话的地方。讨论的地方不一定要在卧室，在舒适的沙发上也是一样的。

虽然性是可以沟通的，但并不是说性生活中所有感觉都能直截了当地说出。在这一点上，男性心理和女性心理有很大的差异性。

男性需要对方的赞赏，无论性爱或日常生活，他们最强烈的欲望和动力就是让所爱的女人开心。如果听到妻子夸赞自己的性能力，他们会觉得浑身上下充满了力量。但男人往往将这种欲望隐藏在心底，羞于开口问对方，除非他们已经得到一些正面信息，有特别大的把握。

因此，擅长表达的女性最好扮演主动沟通的角色，用肢体或用语言表达自己的感受，如"亲爱的，今天感觉真的很好……"。切忌刚一结束就离开男人去沐浴、聊些无关紧要的话题或直接入睡。长久得不到正面反馈，男人往往会对自己的性能力产生怀疑。

值得注意的是，有些女性希望和对方沟通但不懂得沟通的技巧。她们直接评判对方的表现，甚至措辞激烈地表达自己的不满，如"我不喜欢你这样，我受不了你那样"。毫无疑问，这种沟通不要也罢，男人从来都是一种导向动物，他们最受不了被别人告知应该如何。涵养好的男人可能压抑自己的不满，稍微差一点的则可能产生强烈的怨恨心理或不满，更糟糕的甚至日后会对妻子进行报复。尤其是在性生活进行时，更不要对男人说任何否定他们性能力的话，要知道，这对他们的打击是毁灭性的。

不要忘了另一种间接的沟通方式——通过共同营造环境进入某种意境。这种情景我们常在一些欧美电影或电视剧中看到。男女双方在性爱面前，首先应保持轻松愉快的好心情，同时重视感觉在性唤起中的作用，并注重感官上的表达。

视觉是性的敲门砖。丈夫在看到穿着性感睡衣甚或裸体的爱人时很容易激发对对方的激情。而柔和的灯光，美丽的花朵更能营造出浪漫的气氛。

气味可以激发性欲，这就是西方女人喜欢用香水的原因。芬芳的沐浴乳、润肤乳液，也都能达到嗅觉上的刺激作用。美国宾州大学生物学家研究发现，熟悉的身体气味，有改善心境的作用，使对方感到放松和减轻压力。

触觉是性唤起和性反应最主要的直接因素。任何一处皮肤的触摸，均可以引起性欲，这就是性爱前奏双方亲吻、抚摸、拥抱的重要原因。

声音对性唤起也有点燃的作用。因此，轻柔的音乐与呢喃的轻声耳语有助于唤起热情之火。在性爱的过程中，是不可或缺的。

所以，在整个过程中的亲吻、温柔的语言、抚摸及行为上的默契，如听一些浪漫缠绵的音乐、小酌一杯红酒、将室内光线调节得非常朦胧柔和……这些均会提高性爱的质量。千万别小觑了音乐、光线、酒精这些外在因素，它们对人的情绪有着十分巨大的调节作用。要想证明这一点其实十分简单，只要想象一下在充斥着噪音、光线强烈的房间里做爱是多么不舒适就可以了。

　　科学家研究发现，男人通过简单的性器官刺激，两三分钟就可以达到高潮，女人则平均需要十几分钟。两性之间这种显著的生理差异，是很多夫妻性生活不协调的客观因素。

　　对男人来说，前戏可有可无，他们无法切身体会它对女人的重要意义。但对于女人来说，前戏是必须的，只有足够长时间的爱抚，才能使她们放松身心进入状态，享受爱的欢愉。与其用语言提醒，不如巧借环境之力。有些聪明的妻子很会花心思布置环境，营造浪漫、温馨的氛围，因为她们知道男人是视觉动物，她们要让自己身处柔光中，看上去更有光彩。男人从心里迸发出更充沛的感情，才会更投入地制造前戏，这是女人所需要的，而最终也将提高两个人共同的满意度。

　　我们说异性相吸。由于男女在性别上的差异，才产生了对比，对比越强烈，彼此间就越有吸引力。女性表现得越娇柔、亲切、温和与易于接受，就越显得有女人味、性感，也就越能吸引你的丈夫。而男人与有女人味的妻子相处，男人的阳刚之气就更加彰显了。

　　对于性而言，男人喜爱在性生活中掌握主动权，男人在主动追求的过程中会更加兴奋，而女性的顺应态度与羞涩更增添了性感与迷人，也更增加对他的吸引力。同时，当女性在全身心放松的情况下，更易享受到被爱、被需要的愉悦。不过，偶尔一次的性生活中，女性采取主动态度，也会增加一份别样的情趣。

　　性生活结束后，对对方的关爱与抚慰的表达非常重要，这对夫妻生活的融洽、和谐均会大大加分。

　　总之，性生活的和谐是要想办法而不是去埋怨，积极面对问题而不是消极回避，讲究技巧和分寸，这是性爱沟通和性爱关系的总原则。注重性生活的质量远远大过性生活的数量。

几十年的婚姻之路是漫长的，处在不同阶段的婚姻和性爱特点也有所不同，而不论在哪个阶段，它们都有可能出现问题。对问题抱以接受之心，就像接受真实的自我和爱人的缺点那样——我们每个人都不是完人，但完美是我们追求的境界，性爱的觉醒首先是自我的觉醒，希望每一对夫妇都带着日臻完善的人生理解，拥有越来越美好的性爱。

有性学研究专家告知：在性生活中，双方满意度均比较高、每次均能够享受到性高潮的女性，在更年期到来时，较易平稳地度过。

婚姻关系的本质即性关系

性对于女人来说非常重要，男人可以将性与爱割裂开来，女人则不能。正因为女人具有性、爱合一的特质，她们对爱更忠贞、更持久，也更容易为情所困。性向左，幸福向右，成熟的女人应该了解自身性与爱统一的特质，谨慎对待性关系，慎重挑选性伙伴，别与本该属于自己的幸福擦肩而过！

案 例

蒋丽此刻正在婚恋的旋涡中挣扎。她随时可能和丈夫离婚，却不可能和情人结婚。年过四十，两段亲密关系即将离她而去，这对于主要从婚恋中获得人生价值感的女性来说不啻是个严重打击。而之所以今天有这种结果，她应负主要责任。

生完孩子后，蒋丽和丈夫的性生活就不再和谐。两个人对此采取了放任自流的态度，各自忙各自的生活。最近几年，他们夫妻的缘分走到了尽头，婚姻已经有名无实了。

寂寞难耐的蒋丽不想虚度岁月，五年前就结识了一个比她小整整十岁的男人。虽然只是为了打发寂寞和那个人走到一起，但最终还是产生了感情。

遗憾的是，这段感情注定有花无果。虽然两人感情稳定，但男方父母怎么都无法接受没有婚史的儿子娶一个离过婚又带孩子的女人进门。父母的极力反对使男方进退维谷，无奈之下开始和其他女孩子相亲。蒋丽则隐身为地下情人。难舍感情却身份尴尬，未来何去何从，蒋丽陷入迷茫之中。

许多女人到了中年，对性不再一味矜持，能够坦然面对自己的需求，这是种进步。但这并不等于毫无顾忌，沉溺于性爱，甚至不惜毁灭家庭和自己。几乎所有女人都希望在婚姻中享受完美的性爱，无奈的是

并不是所有夫妻都能琴瑟和鸣。在这种情形下，理性、明智的女性选择尽早离婚，这是唯一可行、对自己也对他人负责任的做法。今天的中国社会对离婚和离婚女性的态度越来越宽容，虽然这是个艰难的选择，但它也是迈向新生活的起点。清楚自己的需要，明确自己的目标，你离幸福生活就更进了一步。

性是爱之根，性爱是两性生活中最重要的愉悦源泉。对现代人而言，性的伟大意义不只是生儿育女、获得生理上的释放，也是一种生活情趣，它使我们体验到：我所爱的人也在爱我，我对心爱的人具有无可替代的价值，同时让你产生一种满足感、一种安全感、一种被爱感。

我曾经接受《都市女报》采访，当时记者问我，最近在网上有一个故事，说一个女大学生嫁给了当地一位高中文化水平的农民，网上议论得非常热烈，有的人持肯定的态度，有的人则持否定的态度，他问我对这段婚姻是否看好。我说："我不知道这两位男女的个性和更详细的背景，我在海外生活的时间比较长，可能看法比较西化。我觉得首先取决于这两个年轻人的性生活是不是和谐。"在西方，夫妻之间的性比重占到了50%～60%，国内年轻夫妻的性比重通常也比较高。性生活和谐，婚姻的稳定度就比较高。

世界上的人千差万别，有人因为放任性与幸福背道而驰，也有人因为恐惧性将幸福葬送。

案 例

前不久，一个刚离婚的学生请我帮她分析："李老师，我后悔离了婚，如果我请求丈夫复婚，他有可能同意吗？"经过仔细询问，我告诉她："不太容易。"

六年前，这个非常传统的女孩和丈夫结婚了。婚后两人感情很好，她很快就怀孕了，但意外发生了，生产时孩子夭折。这件事令她遭受了心理和生理上的双重打击。从那以后，因为担心再次受孕，她对性生活产生了恐惧心理，一直拒绝丈夫的性要求。过了一段时间，丈夫到外省进修，他们夫妻两地分居长达3年，此间一直没有性生活。三年后，丈夫提出离婚。

她一气之下离了婚，她觉得自己没有做过任何对不起丈夫的事情，相反，倒是丈夫亏欠她。丈夫进修的钱是她支持的，他离家的几年时间里，是自己担负起照顾公婆的责任，视他们如亲生父母。难道就因为自己拒绝夫妻生活，丈夫就可以这样不念情义吗？

我的这位女学生不明白，婚姻关系的本质即性关系，婚姻首先是建立在性关系基础上的。她长达数年的"性冷淡"，对其配偶不啻是种酷刑。"婚内无性"，很容易"婚外有性"，无性婚姻恰恰是一个家庭破裂的初期征兆。因此，两性幸福是抑制婚变的第一道防线。也许，她潜意识里希望通过孝顺对方父母、努力赚钱来补偿，殊不知性生活的重要作用是其他事物难以替代的。因此，虽然很替她难过，但按照常理推测，对方应该很难接受与她复婚。

无性生活早已成为许多现代婚姻的主要杀手，也是许多夫妻间难以言表的隐私问题。

中国人民大学性社会学研究所曾做过一次调查，他们发现平均每月只有一次性生活的夫妻不到调查总人数的1/4，而最近一年里没有一次性生活的占6.2%。与此对应，处在婚姻状态中，有婚外性伴侣的男女比例分别为36%和19.4%。这组数据令人惊讶：为何国人婚内性质量普遍低下？北京一家性研究所所长一语中的："中国的经济发展了，但主流性文化还是封闭保守的，性教育相当欠缺，我们应该好好补上这门课！"

我从小在台湾地区长大，台湾地区当时对两性教育也非常欠缺。我记得小时候读过一本小说叫《黑色的爱》，书里说到一个男人和一个女人一起出差，中途遇到暴雨，车没法继续开，只好停在了路边过了一夜。几个月后，女人发现自己怀孕了。看到这儿我很紧张，赶忙去问我姐姐，因为我经常要坐公共汽车，身边总会有不同的男人，如果我怀孕该怎么知道孩子是谁的？

现在回想起来，当时简直太好笑了，但那就是性教育缺乏的必然结果。有些夫妻终其一生也不理解什么是性，不能享受性，尤其是文化素质相对较低、物质生活相对拮据的家庭，其性文化仍处在男人有需求、女人被动接受，男人没有需求、女人不会主动要求的阶段。

我有一个女友离婚多年，每次讲起那段痛苦的婚姻，她都忍不住热泪盈眶。她那时住在农村，文化程度不高，二十多岁的时候，父亲把她嫁给同村的一个男人。那个男人只顾满足自己的欲望，性生活没有任何前奏，也不懂得尊重妻子。因此，在新婚的那一段时间内，我这个女友被折磨得连路都走不了。这种描述让人心生恐惧，然而即使是在此时此刻，这种情况仍然在很多家庭上演。性教育是复杂的事，需要父母、学校、社会各个方面的协同努力。

我的另一位女友，夫妻结婚五年了还没有孩子。前不久夫妻又发生了一些小口角，她就来找我谈心。我了解到他们的两性生活情况，得知两个人工作都非常忙，晚上有时难免工作很晚，为了怕影响到对方，两人就分房睡。我赶紧提醒他们："你们还那么年轻，又没有孩子，你们不应该分房睡。不仅要在一张床上睡，而且这张床最好不要特别大！"这能更促进双方的亲密生活。

美国人非常注重享受性情趣，总会尽力提高性质量。以我的大女儿夫妇为例，她是在美国土生土长的，女婿是美国人。每一次我们去探望他们，他们都事先跟我商量："妈妈，你这次来打算住多少天？其中有两天正好是周末，我们都不上班，你可不可以帮我们在家看一下孩子，我们俩出去度假几天？"

这是非常好的安排。事实上，在这个快节奏的现代社会里，虽然夫妻每天见面，但因为工作忙碌，有的还需要照看孩子，很难有时间放松心情。请父母或合适的人帮忙照看一下孩子，出去度一个短假，类似短期蜜月，既有助于休息，又可以增进二人的感情。

新加坡政府倡导和谐家庭，鼓励年轻人和老人一起住。这样一来，年轻人的"二人世界"受到了影响。于是，政府又鼓励年轻人周末出去度假，把孩子托付给亲戚或父母，去酒店尽情享受二人天地——这是非常人性化的建议。

理性对待婚前性行为

婚前性行为不是一个轻松的话题，它是中国在剧烈转型中出现的一个复杂的社会现象。

首先借鉴两个社会调查结果。一是由广东省性学会等六家单位联合组成的课题组，曾调查访问了10所大学共1000名大学生。调查结果显示，将近50%的大学生赞成"恋人之间发生婚前性行为"。而且，在中学期间就已付出"第一次"的人占到10%；15岁以前就有过性行为的大学生占到总人数的1.25%，另有8.16%的大学生"第一次"发生在15岁之后。"结果表明，婚前性行为被越来越多的大学生接受。

二是由《小康》杂志和清华大学联合进行的调查，共访问了1013名男女，大部分受访者年龄介于20岁至39岁、具大学以上的学历。调查发现，71.4%受访者称在婚前已发生性行为，43.1%受访者赞同婚前性行为，只有24.6%表示不认同。据早前的同类型调查显示，中国人在1989年的婚前性行为比例是15%，1994年升到40%以上，2014上升至71.4%，有专家认为，这种增幅在其他国家至少要经历一两百年的时间。

时代变了，人们的观念也在变，对婚前性行为的态度越来越开放。但是，这些变化的观念既有它进步的一面，也有它弊端的一面。它所带来的问题，往往超出了青年人的承受能力，无论是在生理方面，还是在心理方面，尤其是对于女性。我的微信公众平台上有很多年轻女孩问这个问题，有的女孩因为自己的非处女身份异常焦虑，并因为这个原因恐惧和男友分手，担心将来的老公看不起她。

所以，不要再继续忽视"随心所欲"所引起的严重后果了，不要将低级的、本能的、肉欲主义的欲望和爱情混为一谈。婚前性行为是严肃的，请一定要理性对待！

男女双方对性的观念不完全相同。性对于男人来说非常重要。男人可以将性与爱割裂开来，女人对性的看法和男人大不相同，女人把性爱当作感情的延伸，具有性、爱合一的特质。她们对爱更忠贞、更持久，也因此更容易受到伤害。大多数女人对性的态度都是严肃的，容不得一点亵渎。所以，即使在性观念已经十分开放的今天，婚前性行为依然被很多女人拒绝，或者虽然和男友同居、发生了婚前性行为，她们内心对这件事的重视程度、对这段关系所具有的意义的诠释也远远比男人严肃得多。

此外，男人和女人的生理特点也不一样。男人如火，激情如火，欲望如火。男人性冲动最强的年龄是在15岁至25岁，在这个阶段他们对性的需求特别旺盛。究其原因，一方面是由于心理上对异性存在强烈的好奇心，另一方面是由于身体内男性荷尔蒙分泌过旺。如果不够自律、欠缺一定的自制力，没有好的文化素养，很容易控制不了这种性冲动。

女人则不一样，女人如水，要把水加温烧开，需要一段时间，如让高温的水冷却下来，也需要较长的一段时间。女人对性的反应就像给水加温一般。少女在青春期时对性几乎没有什么需求，也不会特别向往，只把情和感觉看得很重。但在30岁至50岁期间，女人对性的感觉变得强烈了。就好似水被加温一段时间后，开始滚烫翻腾。正是因为男女的性生理存在"剪刀差"，我有一些中年的女企业家学生在失婚后，与比自己小8岁到18岁的年轻男人相处得很愉快，原因就在于此。

根深蒂固的"处女情结"

据统计，目前社会上仍有15%左右的男人具有根深蒂固的"处女情结"，正因如此，每年都有很多女人去医院做处女膜的修补手术。我并不想对男人的"处女情结"进行批判，也无意对做这种手术的女性表示责难。这是每个人面对婚恋的自由选择，男人有在意自己未来妻子是否贞洁的权利，女人也有为保全婚姻不得已而为之的苦衷。

我感到好奇的是，为什么发生婚前性行为的人越来越多，社会上对婚前性行为越来越宽容，男人中有"处女情结"的比例却在近些年保持不变（近十年来一直是15%左右）。分析原因，我想一方面是传统性观念依旧有很大影响力，另一方面就和女人的性特点直接相关——也就是前面我所说的，女人的性经验掺杂糅合了很深的情感因素。有"处女情结"的男人很在意女人是不是和自己发生的第一次，他们很难接受自己的妻子曾和其他男人有过刻骨铭心的性爱体验。因为这种体验会一直存留在女人身体里，成为女人内心和情感世界里最重要的组成部分。如果自己的妻子是非处的身份，他们无法确知女人的心是否真的已经属于自己。这既可以解释成男人对自己的一种不自信，更是男性天生具有较强占有欲的一种自然体现。

一个重要的佐证是，男人发生婚外情主要是为寻求刺激，而且很快能从婚外情中抽身而出，因为他们把家庭和情人分得很清楚。但女人则不同，她们更注重精神和内心的感受，如果没有情感，她们不会接纳对方的身体；而一旦发展为肉体关系，她们对情人的忠诚度就会越来越高，很容易全身心地陷进去。

说了这么多，我并不是想奉劝年轻的朋友成为传统性观念的拥趸。事实上，在西方"性解放""性自由"的强烈冲击和影响下，今天中国人的性观念已经较为开放，再回到过去已经不可能。更何况，传统性观念封建、保守，对女性存在不平等，会扼杀人们选择和享受爱情的自由。我只想提醒青年朋友们，不要只看到"性自由"的光明之处，"性自由"既是自由，也是枷锁。婚前性行为、"试婚"有其合理性和好处，可以让你们清楚了解性伙伴的特点，判断其是否适合自己。但婚前性行为的阴暗面也一定要看到，尤其是女性朋友们，在和男友发生婚前性行为前，一定要对后果有充分的考量，在性关系中注意保护自己。

有很大一部分女性很勇敢，主动"为爱献身"。她们认为，真正爱一个男人就应该给对方一切，遮遮掩掩、"假装清高"不算真爱，爱他就给他所想的，"何必等到结婚以后"。

还有一部分女人是被动"献身"，她们也认为女子贞操十分重要，不想轻率，但在男友软硬兼施的迫切要求下，在对方柔情蜜意的殷勤呵护中，逐渐放松了防线，以身相许。她们的心理活动很复杂，既有内疚又有担忧：因为自己总拒对方千里之外，担心恋人因希望落空而伤心；同时，她们又十分害怕对方会因此而心存不满，甚至认为自己爱得不够深而选择离开。

但是，男人的性需求被满足后，他真的会感激女人的付出、会更珍惜这段关系吗？不可否认，确实有很大一部分负责任、懂得爱的男性会更珍爱自己的女友，发誓用一生来守护对方。但是，现实生活中的爱情故事有太多无奈和苦涩。很多男人是抱着"占便宜"的心态来对待婚前性关系的。

男性的心理是这样的，追求女人在于追求的过程。越是难追到手的，越有神秘感，也就越好奇，越有冲劲。女方越主动，男人反而自视过高，态度开始模棱两可，甚至会认为此女人太一般，身价不高，甚至认为女人轻薄。有一些男人对女友软磨硬泡，终于等到对方答应，上床之后却往往热情转淡，追求过程也随之结束。

男人频频提出性要求，一方面是生理欲望使然，更重要的原因是受男人天性里征服欲的驱使。这也就是为什么有人说，在感情尚未发展到一定程度时，"上床是男人感情的结束，却是女人感情的开始"。男人在上床后满足了征服欲和占有欲，如不愿再持续这份感情，留给女人的则是满腔的懊悔和无奈。

性道德的底线在哪里？

社会上有一些玩世不恭、游戏人间的少数男人，他们对性的选择没有什么界限，只要是新鲜的、没有接触过的，他们均有兴趣去猎取。但这只限于生理上的一种满足与需求，只是一种征服和感官上的刺激，不掺杂情感因素。不幸遇到这种男人、与这样的男人陷入感情纠葛，是许多涉世未深女子的无言伤痛。

现代社会网络十分发达，陌生人可以很轻易地通过QQ或微信等方式成为朋友，这也给一些专门猎艳的男人提供了便利。尤其像微信"摇一摇"等功能，可以直接使同城居住较近的陌生人知道彼此的存在。两人先是通过微信聊天，相互了解，如果互有好感就会相约见面，甚至在很短时间内发展到肉体关系。有些情况是男女双方都是游戏的态度，但大多数情况是女子还是比较认真的，而男方只是寻花问柳而已。更不幸的是一些女人还会碰到不法之徒，本不想怎么样，却被男方强行占有，社会上已经出现多起强奸案、伤害案，都和女人在网络上轻信他人有关。

现在的社会婚外恋已经较为普遍，而婚前性行为也并不仅仅只有一对一关系那么简单，存在大量一男同时交往多女、一女同时交往多男等情况。这是性道德低下的表现。美国人发生婚前性行为的比例也是非常高的，但是在西方大家都有一个心照不宣的潜规则，那就是即使双方没有婚约，只是男女朋友关系，也要保证对彼此的忠诚，不会背着对方去和其他异性发生关系。这既是对对方的尊重，也是对自己的尊重。这个潜规则非常重要，往大了讲是维护社会的稳定，具体到每个人就是保护每一个人的利益，性道德低下的社会必将是混乱的，性道德低下的个人将害人害己。

研究人员通过大量调查得出结论：对大多数人而言，爱情的蜜月期最多只能维持30个月。此后，二人要么分道扬镳，要么过着波澜不惊的夫妻生活。在此之后，一般就不易出现看到对方便心跳加速、手心出汗的情况了。

所以，从确定恋爱关系到结婚之前，男女双方必须要有一个全面了解的过程，要坦诚相待，经得起时间的考验，双方必须忠贞专一，不能同时有其他情侣，或轻率转移爱情。即使发现对方不宜和自己共同生活，也应当通过沟通，用正当方式与对方中断爱情关系后，再去选择新的情侣——这也是婚前性行为最基本的性道德底线。

女人，保护自己是第一位的

对女人来说，性是爱的延续。如果你还不能确定自己是否爱某一个男人，请不要轻易与其发生性关系。因为男人与女人的生理结构不同、性心理不同，世俗对于男女两性婚前性行为的宽容度也不一样。

在选择对象时必须要确认双方个性是否相投、价值观是否接近、精神层面是否门当户对、双方家庭是否均能接受，双方是否均有诚意发展这段感情等，在这些问题还没弄清楚、不能确定前，女方不应接受男方对性的索取，否则未来有美好结果的可能性非常少。

所以，为了拴住男人心，期望"以性锁情"的女人，是既不了解男人又不了解男人如何看待女人所犯的错。通常来讲，男人如果真爱一个女人，当女人守身如玉，对性爱特别谨慎，他们反而会感到这个女人很高贵，不可侵犯，是一个值得付出、值得追求的女人。尽管自己的欲望很强（尤其是25岁以内的男人），他们也会对女友表示充分的理解，耐心等到女友心甘情愿。

当然，如果一个女人爱自己的男友，只是觉得时机不成熟，在拒绝男人性要求的时候，态度需要温婉，理由要讲清楚，不能伤害男人的情感和自尊。如果一个男人真爱他的女友，并且知道女人想把最美好的感觉留在订婚、有婚约之后，是愿意控制自己的欲望的。

对一些适龄或者大龄未婚女青年，因为深感择偶不易，也期望婚后能美满幸福，因而对结婚持慎重态度。她们愿意与自己满意的恋人在婚前同居或发生性关系，以了解双方是否和谐。这是对自己负责的行为，但一定要做好安全措施，保护好自己。

调查表明，有多半的女性就是因为怀有侥幸心理，在冲动中发生了性关系，直到怀孕不得不流产，或发现自己被感染了性病时，才后悔莫及。

女人的成熟
比成功更重要

据中国国家人口和计划生育委员会研究所的调查透露，中国每年堕胎超过1300万例，大约每25分钟发生一例，这个数量是美国的10倍，美国每年的堕胎人次大约有120万例。而中国患性病的人数也逐年增加，这些都与婚前性行为增加、性行为开始得越来越早有关。

以前，中国的堕胎数量之所以非常高，主要是因为独生子女政策。而随着中国的年轻人越来越多地享受到性自由，25岁以下的未婚女性（她们并不直接属于计划生育的管辖范围），在这个群体当中，每年的堕胎人次大约为600万。其中，大学生是高发人群，很多"90后"女孩自己还没有长大，对"流产"给身体造成的伤害一无所知。打工妹的堕胎率居高不下，据一份调查显示，可能有50%～70%在深圳打工的女孩都有堕胎的经历。在各大城市，我们随处可见一些私立小医院打着"无痛人流"等广告，就是因为社会上有普遍的堕胎现象，有数目庞大的堕胎人群。

美国早在克林顿当总统时期，社会就大力提倡青年人在婚前节制性欲，保持贞洁。布什上台后继续推行这项运动，为什么开放的美国人这样强调婚前贞洁呢？原因就是，一个人性行为开始的年龄越晚，性伙伴就越少，而感染性病的几率就越小。同时，晚一些发生性行为，人们对待情感会更趋于理性，心智也会更加成熟。后来，布什政府每年拨款数亿美元，来支持这方面的教育和宣传。

所以，就"婚前是否可以发生性行为？"的问题，我的立场很明了，就是谨慎、慎重，尽量延迟性爱发生的时间，在性爱中注意保护自己。对女性来讲，对方的人品最为重要，对方是不是一个有责任感的人，是不是想和你共度此生，你的心中一定要有肯定的答案。而且，最好在双方有婚约如订婚之后再说。

至于那些面临男友"不做爱就分手"威胁的女孩，我想对你们说的是：爱是尊重、是自由，是平等。如果你在爱情关系里面感觉不到这三样东西，那么这样的爱情很可能不是真爱。面对男友把性和爱混为一谈的要求，女方完全不必委曲求全答应对方。你爱他，并不代表你就失去了拒绝的权利，就必须答应他所提出的一切要求，尤其当这要求有悖于你的价值观、会让你心里面很难接受的时候。

而对那些担心今后"没人要"的女孩们，你们的观念一定要及时更新了。其实从来不存在"别人要不要你"的问题，只存在"你要不要自己"的问题。只要你自尊、自爱，不自轻、自贱，对自己怀有信心，你的人格才会散发出魅力。

爱情不是弱者对强者的依附，婚姻也不是强者对弱者的照顾，婚恋既是两颗独立心灵的碰撞，又是一生相互扶持的承诺。爱情是两个人共同培植的一种情怀，共同创造的一种回忆，共同成长的一种载体。

　　希望沐浴爱河的年轻人更多挖掘和珍视爱情的精神属性。你们有过失败的爱情，或者曾经在爱情里受伤，婚前性行为并不能使你们低人一等。重新选择男友的时候，一定要注意他有没有严重的"处女情结"，如果他对此介怀，那么请谨慎了，因为他会有比较强的嫉妒心。

最后，我想引用一个父亲对他女儿所说的话："女儿，我想告诉你，一个男人要变得高贵，那是一件不太容易的事，他要有成功的事业，要有尊贵的地位，要有良好的学识和修养……而一个女孩要变得高贵则十分简单——她并不是一定要有公主的身份，豪门的背景，华丽的服饰，贵族的教育……她只需做一件事，那就是像花蕾一样把自己严严地包裹起来。不管什么年代，不管是东方还是西方，对于两性来说，一个女孩只要凛然不可侵犯，她在男人心中一下就会高贵起来。"对这段话，大家见仁见智。

Chapter 5

婚外情，
总是一种遗憾

对待婚姻，以前的人就像修冰箱，

坏了会反复修，一心想修好；

现在的人，东西坏了只想换新的。

当背叛发生时

"婚外情"犹如一株魅惑的罂粟，吸引着无数男女前赴后继。他们向往甜蜜的爱情和快乐的感觉，但婚姻外的新鲜和刺激是有代价的，当背叛发生时，也一定会有被发现的那一天。

案 例

很多美国人至今还记得发生在2002年的一桩惨剧，当时全美各大媒体都争相报道这一事件。

在2月14日情人节那天，驾车撞死花心丈夫的美国牙医克拉拉·哈里斯被判处20年监禁。而那一天，恰好是克拉拉和她死去丈夫戴维结婚11周年纪念日，因此被人称为具有"诗一般的讽刺意味"。

一些关注案件进程的美国人从电视转播中看到了这一幕：闻听判决，45岁的克拉拉把脸埋在双手中抽泣起来。她在为自己那两个年仅四岁便失去父母照顾的双胞胎儿子而哭泣。

克拉拉·哈里斯有十分辉煌的过去，她原籍哥伦比亚，曾摘取全国选美大赛桂冠。她不仅性感美貌，还聪明好学，在美国读医科大学时遇到热情奔放的戴维，与其双双坠入爱河，并于1992年情人节那天，披上婚纱，和戴维在得克萨斯州休斯敦市一家酒店结为夫妻。颇具戏剧性的是，十年后，也是在这家酒店，她将丈夫和情妇捉奸在床。

在法庭上，依照戴维母亲的描述，这原本是桩"天堂里的婚姻"，郎才女貌的戴维和克拉拉都是牙医，拥有六家诊所。在美国，牙医备受尊重，社会地位很高。两人有一对可爱的双胞胎儿子，可以说完美无缺。

然而，克拉拉生完孩子之后开始发胖，体态臃肿，让人很难相信她曾是选美皇后。这也许是戴维移情别恋的原因之一。

婚外情被发现后，戴维和克拉拉一起接受婚姻顾问的建议：克拉拉同意减肥并接受乳房移植术；戴维承诺与情妇断绝关系，分手地点还是选择了那家酒店的餐厅。

孰料疑心的克拉拉跟踪到酒店，发现这对"奸夫淫妇"正握手言欢，丝毫也没有分手的迹象。怒火中烧的克拉拉闯进餐厅准备殴打情敌，没想到丈夫反而帮着情妇，把她推倒在地，还当众宣布他们的婚姻关系结束，随即陪同情妇向停车场走去。遭受羞辱的克拉拉完全丧失理智，从地上爬起来追赶上去，发动自己的奔驰车撞向戴维。

丈夫死于自己的车轮下，一个幸福的家庭瞬间瓦解。法官宣判后，克拉拉哭着被警察带走，戴维的妈妈也在法庭上痛哭不已——儿子死了，儿媳将被监禁20年，自己将抚养两个年幼的孙子……当时在场的人无不为这一幕动容。

因为婚外情导致的悲剧比比皆是，每年中外媒体都会报道大量类似事件，令人感慨万千。

还有更多的悲剧存在于我们司空见惯的离婚案例中，被迫离婚的一方、无辜的孩子，总会有人深受其害。而居高不下的离婚率和每况愈下的婚姻忠诚度，无不与泛滥的婚外情密切相关。

"婚外情"这株魅惑的罂粟，吸引着无数男女前赴后继。他们向往甜蜜的爱情和快乐的感觉，但婚姻外的新鲜和刺激是有代价的，当背叛发生时，也一定会有被发现的那一天。所以，我奉劝那些欲出轨寻求情感慰藉的人，不要轻易尝试这个危险的游戏。

丈夫出轨了，离还是不离？

案　例

　　我有一位女学生，家境很好，她谈恋爱时父母拼命反对，但她还是义无反顾地嫁给了那个一穷二白且家庭关系复杂的男人。男方在婚后前两年还算负责任，但随着他们女儿的诞生，她感觉他逐渐变了，和自己的话越来越少，有时候还会找借口不回家。后来她发现他与其他女人在一起。得知丈夫出轨后，她直接提出离婚，他死活不同意，并且和外面的女人断了联系。为了女儿，她忍了下来，将就了几年，但始终无法忘记他的背叛，很少给他好脸色。渐渐地，他的愧疚消失了，对家里的事也不闻不问，两个人的感情更淡了，几乎不再过夫妻生活了。

　　心理学上有一个名词叫作"罗密欧与朱丽叶效应"，意思是如果出现干扰双方爱情关系的外在力量，恋爱双方的情感反而会更强烈，恋爱关系也会变得更牢固。我这个女学生当时那么仓促地走进婚姻殿堂，正是因为"罗密欧与朱丽叶效应"。如果不是她父母强烈反对，迫使他俩共同抵抗外力，他们之间的引力也不会那么强烈。也许她能有时间充分体会这份情感，慢慢观察这个人的优缺点，仔细考虑两个人是否适合走进婚姻，多些理性的分析，少些盲目和冲动。

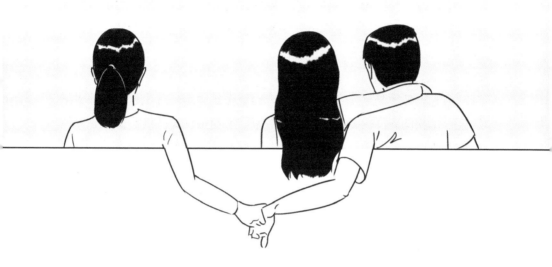

　　在现实生活中，我确实见过不少夫妻的结合与他们的情况类似，后来这种情况的婚姻大多不幸福。这是因为恋爱和婚姻完全是两码事。恋爱可以轰轰烈烈，婚姻却平淡是真。当他们打破重重阻力走进婚姻，爱情的蜜月期一过，两个人真实、不加掩饰的自我才逐渐凸显出来。很多伴侣都会因为生活习惯的差异、性格的矛盾、家务分配不均、与双方父母关系紧张等问题产生分歧，夫妻关系开始进入冲突阶段。

　　据一些社科机构的调查，结婚两年后是男人出轨的高发期；而妻子孕期也是丈夫发生外遇的高发期。前面这对夫妻恰巧是结婚两年后有了孩子，赶上了两个"高发期"。所以，丈夫发生外遇，既有他主观上自控力差的原因，又与原生家庭"遗传"给他一些性格缺陷等客观原因有关，当然女方本身也存在很多问题。

　　丈夫出轨是婚姻出现问题的一个危险信号，丈夫不同意离婚，说明他还在乎家庭和孩子。女方不仅没有意识去补救自己在婚姻关系中做得欠缺的地方，反而用十分消极的态度对待这件事，如"始终无法忘记他的背叛，很少给他好脸色"。如果男人在家里得不到温暖和尊严，再次发生婚外情的可能性会很大。

男人有外遇是非常负面的事件，但这个负面事件里也有少许积极的因素。出轨的人多半是心虚的，他对家庭会有愧疚感。这份愧疚感会促使他产生很强的弥补过错的愿望，并对家庭负起责任。妻子没能好好利用这份愧疚感，没有宽容他，张开双臂拥抱他回家，反而一味在道德上对他进行谴责。男人是非常需要女人的尊重、非常要面子的，如果他又开始了第二次外遇，那么这与妻子对待他的方式直接相关。

虽然我并不知道他们婚姻的相处模式，但从女方的表达方式中，我能够感受到：她在夫妻关系中可能是那个比较强势的人。平衡的夫妻关系需要妻子适当的示弱。以这件事情来说：妻子固然是受到了伤害，却扮演的是一个站在道德高地指责伴侣的人。妻子的伤心和痛苦已经被怒火和愤恨掩盖，委屈和恐惧也被自身的冷漠和鄙视所掩盖。而男人最吃女人哪一套呢？既不是伶牙俐齿，也不是浑身是刺，而是宽和善良、温柔无限。也许妻子换一种方式，用眼泪、依赖和无助表达内心的不满，反而更容易让丈夫深感内疚和不安，让他后悔自己所做出的愚蠢举动，让他相信你需要他、家庭也离不开他。

丈夫出轨了，女人不要一气之下就离婚。离婚是一件大事，对家庭中的每个人都会造成毕生的影响。受冲击最大的，首先是自己的生活，其次是无辜的孩子，有些孩子很敏感，离婚会对他们造成终生难愈合的伤害。

女人必须想清楚，离婚后情况会比现状更好吗？家中财产分割容易吗？最重要的是：孩子的抚养权归谁，你是否有把握一定能得到孩子的抚养权？你是否有把握、有能力消除孩子受到的负面影响？

我曾见过很多夫妻在离婚时上演抢孩子大战，双方都想抚养孩子，有些吵得昏天黑地，有的打得头破血流，生活全部乱套。所以说离婚的代价非常大，会给你带来生活上、工作上、社会上甚至健康上一连串的连锁反应。而我有多位女学生就是在一时气愤的情况下和丈夫匆匆地离了婚，到后来均表示后悔想要复婚，前夫却有了新伴侣和新生活，让她们非常后悔当初鲁莽的决定。

当今中国发生婚外情的男人很多。尤其是当女人过了40岁，遭遇婚姻危机的概率明显升高。人得了病需要治疗，婚姻得了病，同样需要治疗。既然是治疗，就必须要经过一段时间、几个疗程。夫妻双方面对糟糕的婚姻状况，要有耐心。对于女人来说，应对丈夫出轨，一方面要多注重形象和身材的保持；另一方面更重要的是必须在修养、学识、内涵等方面多多修炼、提升自己，具有经济独立的能力。

丈夫出轨不离婚，妻子怎么办？

社会上很多男人出轨不离婚，即"外面彩旗飘飘，家里红旗不倒"。很多人问我该怎么办，面对年龄段不同的朋友，我给出的建议是不同的。而且，每个人要结合自身情况做出决断，因此着实没有标准答案。

案 例

有一个女编辑，她的丈夫在短短三年内先后和好几个女人搞婚外情。这个女人的性格属于比较懦弱的，她顾忌孩子的感受，又怕自己的

女人的成熟
比成功更重要

父母担心，所以一直不想离婚。丈夫知道她的软肋，越发变本加厉，开始是偷偷摸摸，后来明目张胆，情人的电话都会打到家里。她实在忍无可忍，终于在一次大吵之后爆发，提出离婚，丈夫却不肯，因为他不想让自己的工作和社会形象受到影响。看到妻子真的下决心离婚了，他表面上看似收敛了些，背地里依然我行我素。这个女编辑在失望和报复心理作用下，接受了一直和自己暧昧的一个男同事。但这并没有使她变快乐，相反生活更复杂了。

前面案例中的男人并不是一个能承担家庭责任、履行丈夫义务的人。在孩子尚小、家庭非常需要他的时候，却一再离开家庭、习惯性出轨。案例中这个女人"找情人"的做法，将已经很糟糕的婚姻关系变得更加复杂。坚持这段婚姻或放弃它，她需要做个选择，而不是为贪恋一时温暖，或为了报复，选择一种"见不得光"的感情。

现实生活中的确有很多女人，在遇到类似情况时做出和这个女编辑一样的选择。但每一种选择都有相应的代价。婚外情也许可暂时缓解心情，但情人关系是很难处理的，女人又是感情动物，一旦投入感情过深，就希望和对方长相厮守。如果双方都可以离婚，这就可能造成双方原来家庭破裂；若仅一方离了婚，另一方无法离婚，这又使两人遭遇到另一困局，情况更复杂。有人找情人只是为了相互慰藉、取暖，没打算长远发展。但这样的爱情也同样有保鲜期，一旦过了保鲜期，情人之间感情也会淡薄，一方甚至会对另一方产生厌倦感，想甩又甩不掉，这又该怎么办？很可能留给女性的是逝去的青春岁月、无奈叹息和一颗受伤的心。

况且，社会上对女性出轨的宽容度远不及对男性的。一旦见光，女性承受的舆论压力会非常之大。所以，我希望女性朋友们理性面对自己的婚姻困局，如果对婚姻感到绝望，无力改善关系，那么离婚是明智的选择。离了婚后再去找寻自己的幸福。

我建议所有决定离婚的人士，在离婚前一定先分居一段时间。西方人在离婚前通常有两年的分居时间，以确认离婚这个决定是否正确。这显示出西方人对于婚姻的慎重的态度。

　　分居可以给双方一段缓冲期，让彼此冷静下来面对婚姻危机。在此期间，双方可商讨孩子的抚养权以及财产的分割问题。如果在两年间，出轨的男人能够意识到自己的过失，愿意弥补过错，女方也愿意给机会，那是最好不过的了。

案 例

　　我的一位女学生结婚快二十年了，和老公特别恩爱，一直非常幸福。每当她身边朋友的丈夫出轨，她都很庆幸自己碰到了一个好男人。一次，她无意中发现老公给一个年轻女孩发微信，内容暧昧不清，原来一直让她坚信不疑的老公，也和其他男人一样，背叛了家庭，背叛了自己。这件事对她的打击非常大，她一度想离家出走，想成全他们两个。但丈夫不同意，他喜新不厌旧，放不下情人，离不开妻子。这样的生活快让她崩溃了。

　　她去找过小三一次，那个女人哭着说离不开她老公，一个劲儿地给她道歉。说什么一切都不要，只求她允许他们在一起。她觉得小三很不要脸，破坏人家家庭，还扮成一副可怜相。可是她能怎么办呢，打她骂她吗，和老公的关系会更糟。她想离婚，可孩子马上面临中考了，她在万般无奈之中煎熬。

女人的成熟
比成功更重要

前面这个案例中的男人喜新不厌旧，小三又一副任打任骂的样子，遇到这种情况，很多女人都难以应付。我给这个女学生的建议是，因为孩子在学习比较关键的阶段，激烈的冲突和立即离婚都是不可取的。忍下一时委屈，待老公和情人内部出现问题，也许事情会出现转机。

为什么这么说呢？越是亲密关系，越容易出现矛盾。小三这个阶段可以声泪俱下不求名分，那是因为他们陷入热恋之中。根据"罗密欧与朱丽叶效应"，此时若强行阻拦，他们反而会靠得更近。若要保有婚姻，最明智的做法是女人要投资自己，在这段时间内外兼修，全方位提高自己的内涵和素养，把家庭的方方面面都照顾到，搞好家庭建设，增强大家庭的凝聚力和情感纽带。

没有一个小三不渴望"转正"。随着时间的推移，小三付出和投入的时间、精力越来越多，安全感会逐渐减少。到了一定时间，很多小三都会向男人提要求，希望这段关系能够受到法律的保护。但大多数男人的特点是把婚姻与婚外情感分得很清楚，因为他们在乎社会形象，在乎家庭稳定，金钱上的保障可能愿意给，给名分对他们来说却异常困难。

　　小三和男人的供需矛盾一旦不可调和，也就到了他们摊牌分手的时刻。我不建议"40＋"的女人动辄离婚，因为离婚对于四十多岁的女人来说不亚于一场浩劫；而对于男人来说，尤其是走仕途的男性，离婚将使他们半生积累的社会关系和社会形象大打折扣。

所以，如果读者中有人遭遇丈夫出轨，请一定要理性面对，冲动离婚，对你们夫妇二人其实都得不偿失。以退为进，貌似是男人来掌握主动权，其实是让男人自己决定何时结束外面的游戏。男人有时候会像迷路的孩子，而心智成熟、深谙人性的女人才是那个能让浪子回头的人。

很多男人到了四十多岁都会遭遇中年危机。人生过半，太多梦想未能实现，有的男人会用一场疯狂的恋爱证明自己的魅力。很多成功的男人，当拥有财富和权力，身边的美色又唾手可得时，即使家有娇妻，心中也难免会不甘。他们不甘心一辈子只拥有一个女人，尤其是现在这种事情也较为普遍，于是他们的出轨就显得顺理成章了。

女人相对来说在社会中是掌握资源较少的一方，在精力、体力等方面又都弱于男人。但在一个家庭中，女人的角色相当重要。尤其是一个经营了多年的家庭，女人离开，家就散了。

所以，当男人感性大于理性甚至走火入魔的时候，女人不应该也意气用事一走了之。相反，而应该冷静镇定，用自己强大的气场、乐观和自信稳住家庭，用自己的个人魅力影响家中的每一个人。当男人意识到自己的错误、迷途知返时，他会格外珍惜和敬重你，也许正因为你的努力，后半生你们的婚姻生活会走向更加成熟和稳定的境界。

出轨男人的自白

在我的微信公众平台上，一些男学生也会就感情的事情提问，作为大多数婚姻危机的制造者，在面对婚姻内的责任和外界的诱惑时，出轨男人是一种什么心态呢？

女人的成熟
比成功更重要

一位男学生说，他有外遇已经半年了，不仅没影响他的正常生活，反而觉得婚外情促进了他和妻子婚姻生活的融洽。因为他对妻子会有愧疚，每次和情人约会后，他都觉得对不起妻子。回到家中会主动做家务，脾气也缓和了一些，不像以前那样爱发无名火了。他认为自己和妻子只剩下亲情，情人是生活的调剂，他从未想过离婚，因为情人也有家庭，并不打算和他在一起。他觉得婚外情没什么不好。好多女人知道丈夫出轨都要死要活，其实何必大动干戈呢，睁一只眼闭一只眼就好了。

这个案例代表了一部分男人的心声。久在围城的人都会对婚姻和对方产生倦怠，尤其是男人，因为可以把性和情感分开，他们会渴望不一样的体验。这是一种不甘心的心理。再加上现在社会风气比较差，舆论对男人出轨并不严苛，所以男人发生婚外情的还是蛮多的。

我在美国生活多年，美国的情况是这样的：如果在婚姻中丈夫出轨，是过错方，当妻子决定离婚时，男方在财产、社会声誉和子女抚养权方面都将处于劣势。我国的大环境却对男性婚外情过度宽容，出轨成本太低，这才使中国男性发生婚外情的情况越来越普遍。

　　婚外情有助于婚姻长久只是一种错觉，短期内貌似是这样，妻子不会发现，情人不要求什么，一切相安无事。事实上不忠永远是婚姻最大的致命伤。

为维持婚外情关系，不定期地和情人偷情，男人需要找许多借口，想尽办消除偷情留下的蛛丝马迹。这有点儿像一个贼躲避警察的调查，头脑在快速运转，心情忐忑不安，表情装作若无其事。男人欺骗的不只是妻子，还包括孩子和其他亲人朋友，一个谎言接着一个谎言，直到婚外情自然而然结束，或者有一天地下情曝光，一切真相大白。

当真相浮出水面，一切还能恢复到从前吗？不可能的。因为信任破碎了，夫妻关系的基础是什么，就是信任。当妻子发现丈夫一直以来都在欺骗自己，用各种伎俩和谎言，她们的愤怒、悲伤、怨恨会持续很久。婚姻从此开始冲突矛盾不断，有的甚至因此解体。

所以，出轨容易，再拥有好婚姻不易。男人不要一时冲动犯下大错，要珍惜和你一起走到今天的妻子，珍惜两个人一起慢慢变老的岁月。再动人心魄的激情也抵不过平实婚姻散发出来的温暖，柴米油盐的温馨才是难以磨灭的记忆。

另一位男学生告诉我，他纠结离婚的事情已经很长时间了，他认为自己的老婆各方面都配不上自己。相比之下，情人要优秀得多，有学历、年轻、有朝气，能给他带来青春的感觉。

他说老婆没什么过错，就是没见识，像所有家庭妇女一样，全世界的事似乎都和她无关，她只知道眼皮底下那一点点事情。因为他事业发展得不错，所以妻子专心在家，不用出去工作，但她不懂得修饰自己，感觉带不出去……他还说，自己不怕离婚让别人嚼舌头，唯一担心的就是孩子会受影响，也有些担心老婆离开他无依无靠，所以进退两难。

中国古代有"七出之条"这个词，比如妇女不尊重公婆、乱嚼舌根、和其他男子通奸、生不出儿子、妻子好嫉妒、盗窃等，做丈夫的才

女人的成熟
比成功更重要

可以把妻子休掉。在妻子没有犯"七出"中过错的情况下，丈夫如果随便把妻子休掉，必受到相应的惩罚。

很多人都认为"七出之条"是封建社会男人对女人的压制，但事实上，在那个男人占绝对统治地位的社会，"七出之条"可以保护女人不会被丈夫随便抛弃。与之对应的是"三不去"，即此女人娘家已无依靠、结婚时男人很穷后来富贵了、妻子为公婆守丧三年。这个"三不去"的意思是，只要女人符合其中任何一条，男人就不可以把妻子休掉，否则就成了当今的"陈世美"了。

然而，在当今的社会，我们可以看到，很多男人一发达就绝情地跟糟糠之妻离婚，将妻子昔日的支持与陪伴、对家庭的牺牲和奉献完全抛到了脑后。

就像我这位学生的妻子并无过错，为了家庭也付出了很多。若没有她全职在家服务家人，他也不可能心无旁骛地忙事业。婚姻是一辈子的相互扶持，如果丈夫认为妻子跟不上时代，那么不妨多带妻子出去走走，或者给妻子报个培训课程……如果需要一个能和自己谈得来的伴侣，正确的方法是引导对方进步，而不是换作他人取而代之。

我曾听朋友讲过这样一个故事：他的一个好朋友是位局长，五十多岁了，妻子相貌平常，也是全职在家、没什么见识。但是他们一路相伴走过来，妻子非常善良尽责，把家人照顾得非常好。但这个局长随着官位渐高，就看不上他平庸俗气的结发妻子了。这时，一个三十多岁的女人主动向他示好，因为年轻漂亮，很快他们就住在一起了。当局长向妻子提出离婚，妻子和孩子又惊又气，百般不同意。但是，他实在厌倦了妻子，说什么都要离婚，还说了很多伤害妻子的话。妻子伤了心，终于同意了离婚。

没想到，和这个年轻女人结婚没几年，他就在一次酒宴后突发疾病，中了风，半身不遂了。原来，这个女人和他本不是同龄人，不懂得照顾他，只懂得享受和花钱。结婚后家没个家的样子，他忙了一天工作回到家，有时连口热饭都吃不到，连口热水都没有，两人长期在饭馆里解决吃饭问题。几年下来，他身体就变差了。

半身不遂瘫倒在床后，工作也干不了了，女人没多久便弃他而去。本来她就是因为他的社会地位和财富才嫁给他的，现在这些都没有了，她自然也不会久留。这位局长此时一无所有，肠子都悔青了，他去求结发妻子和孩子回来。但是，因为被他伤透了心，妻儿都不肯再认他，这位局长的晚年可谓非常之凄凉。

每当有女性朋友遭遇丈夫出轨的问题，我都劝她们要忍耐，不能一气之下就离婚；要学习，做更优秀的女人，让丈夫离不开自己；要宽容，给自己男人机会回头。也因此会有人问我，李老师，为什么总是我们女人让步？

这其实这是没有办法的办法，女人多以家庭为重，女人对情专一、韧性强、依赖性强等特性决定，她们因为要生儿育女，注定为家庭付出更多。但是，男人不能过度自私与任性，男人需要为自己的家庭负责，这是一个男人应有的担当。当一个女人真心实意对待你、对待你的父母，为了家庭利益放弃了很多个人发展的机会，默默陪你一路走过岁月，这样的女人是不容男人辜负和欺负的。

人生很漫长，男人不要只看眼前，做被欲望驱使的奴隶。和功利性很强的女人在一起，注定不会长久。所以，我劝诚男人们，一定要珍惜眼前人，平平淡淡才是真，莫把幸福当赌注！

男人为什么容易出轨

在解释"男人为什么容易出轨"这个问题前，我们先来看一则笑话：小王与妻子一同看电视，电视上正报道：据调查，男人中有70%希望有一次婚外恋。小王连忙向妻子表白："我是另外30%当中的。"语音刚落，电视上继续报道：另外的30%则希望有多次的婚外恋。

据了解，结婚两年以后，男人出轨的概率开始增加，超过半数的男人会发生婚外性行为。男人一旦有过一次婚外情，很容易会有第二次，但出轨的男人多半并不会离开他的妻子。

一夫一妻制是文化的产物，文明进步的象征，旨在维护社会稳定。在许多科学家看来，一夫一妻制是男人间达成的一项协议：他们以此来保证自己的利益，防止因为女人而彼此争斗带来损失。因此，对于生理性需求强烈的男性而言，这不能不说是一种妥协和牺牲。

但是，一夫一妻制并不能保证婚姻的纯洁，也并不能代表夫妻能彼此厮守一生，男性对性行为随意的本能会促使他们在环境适宜的时候出轨，并且多数人没有愧疚感。

由于生理上的特点，男女双方性观念的不同是对婚外情态度迥异的根源。直到今天，仍有很多男人把性视为一种消遣，这与原始人相比其实没有太大进化，只不过在法律、道德、文化等限制下，他们必须把欲望包装成欣赏，把行动止步在"心动"，不能再随心所欲了。女人把性爱当作感情及婚姻的延伸，她们的态度是严肃的，容不得一点亵渎，即使在性观念已经十分开放的今天，女性婚外情的数量依然大大低于男性。

除了以上原因，男性社会分工的特点也客观上为他们发展婚外情提供了机会。一个不争的事实是，在政治、军事、经济、学术等领域，男性都是主导力量，社会资源和资本大部分集中在男性手中，这为他们换取女性青睐提供了条件。而且，不论对二十多岁、三十多岁还是四十多岁的女性，成功男士都颇有市场。也许我们的基因中仍传递着远古一夫多妻的影子，因此成功男人的身边，总会围绕数个女子，面临更多诱惑，即使没有发展成婚外情，双方也会在心理上存在情感交换。

　　男人喜欢被女人仰慕，在被肯定和赞美时，他会产生一种满足感。同时成功男人又会深深吸引女性。这种相互吸引正是婚姻中所缺乏的——结婚久了，夫妻双方都会产生倦怠感，外界异性的欣赏正是唤醒沉睡激情的力量。

人类社会并不是一开始就采用一夫一妻制的，那么一夫多妻制的生物学基础是什么呢？

从基因传递的功能来看，据统计，女人一生中排卵400个左右（一年12次，一生排卵30～35年），一生极限历史纪录中最多生18个孩子。而男人每次射精1.2亿个精子，一生中排精可达3000～4000多次，纪录中非洲酋长最多时生了170多个孩子，几乎是女人的10倍。过去原始社会里男人在狩猎、搏斗或战争中容易失去生命，为了基因的延续，男人要将精子散布在不同的女人身上，才能完成他传宗接代的使命。

一夫多妻制持续了数千年，现在进入文明法治社会以后，一夫一妻制才在众多国家开始提倡实施。

为什么婚外情比以前增多了？

随着时代的变迁，男女选择对象的标准发生很大变化。计划经济时代，女性倾向选择本份有责任感的男人，觉得踏实可靠，可以托付终身。若婚姻中出现变故，也一般愿意认命接受。进入市场经济时代，社会开放，男女交往增多，事业成功富有时代气息的男人更容易得到女性的青睐。男人是视觉动物，看到美丽女人容易心动，心动有时就想行动。而女人又是听觉动物，听到体贴、关怀的语言就容易被感动，进而接纳对方的感情。

现在社会价值观混淆，金钱至上，一些人"笑贫不笑娼"，有些女性便把与成功男士（已婚男士）交往作为挖到第一桶金的一种手段。而成功男人喜欢仰慕自己的女人，在得到肯定和赞扬时，男人容易失去警惕而被引诱。男人的好胜心驱使他们追求貌美的女性，同时对这类女性用性的征服来获得一种虚荣心的满足感。

在中国，男人年轻时有传宗接代的责任与压力，在家长催促下匆忙成婚的现象很普遍。因为交往不深了解不够，对方不一定是自己心仪的对象。步入中年或是老年，由于上述任务已完成，有些人就想找心灵相通、情投意合的女人，来弥补自己人生中情感上的空白和缺憾。

还有一种情况是，久困围城的人早已厌倦琐碎单调的婚姻生活，当外界出现了诱惑，自然感觉自身的价码在提升，不知不觉间对配偶的要求也提高了。这就好比电脑在不断升级，婚姻中的双方都期待配偶像电脑一样速度更快、内存更大、配置更新。倘若这些目的无法达到，有的人就在潜意识里想把旧电脑淘汰掉。所以网络上有段子说："天是蓝的，海是深的，男人的话没有一句是真的，男人只要有了钱，他跟谁都有缘，男人的话要是靠得住，那猪也会爬树。"这句玩笑话在某种程度上反映了一些社会现状。

中国男性在出现婚外情后，违规成本与社会代价均比国外低。法律上的约束、道德的谴责、社会舆论压力都对男性比较宽容，这也助长了男性不自律。

总之，无论是根据生理还是心理特点，在过去、现在，甚至是未来很长一段时间，男性发生婚外情都是一个普遍的社会事实，而随着社会观念和环境的日益开放，大有愈演愈烈的趋势。那么，什么样的男人更容易出轨，他们对出轨怎么看？什么类型的婚外情只是婚姻的小插曲，什么类型的婚外情具有拆散家庭的破坏力？

男人婚外情众生相

"我结婚快六年了。婚姻使性受到了很大限制。我有过两次外遇，都很令人满意，情感上也得到很大满足。太太不知情。"
"婚外情对我只有好的影响，就是重新认识和肯定自己，恢复青春活力。"

"我为什么要拒绝一个女人投怀送抱呢？这只是性，没什么大不了的，我爱我的家庭，尊重我的妻子，但这是两回事。我不愿将身躯囚禁在婚姻的牢笼里，那我非疯掉不可。"

"妻子再也引起不了我的性欲，她邋里邋遢，毫不讲究，体重一个劲儿地增加。如果我不将情感寄托在情人身上，我的婚姻早就完蛋了。当然，我并不想和情人结婚，完全没有那个必要，一是我不想因此而失去我的一半财产，二是离婚太麻烦了。和情人一起就是为了快乐，现在这样我很满足。"

以上是几个男人在讲述自己的婚外情。女人们对上面这番话可能感到难以接受，但它的确能代表很多男人的心声。对于男人出轨，男女双方的看法各有不同。女人大多表示厌恶、不能接受，有人甚至把此事形容为好似掉在屎上面的钱，不捡可惜，捡了又觉得恶心。但很少有男人对自己出轨感到歉疚，如果有歉疚，也只是在短时间内或面对自己妻子时，对于其他男人的出轨，他们更觉得"这没什么""很正常"，至少是可以理解的。

婚外情使男人感到紧张、刺激和兴奋，即使他们再爱自己的妻子，但只要想到一辈子的做爱对象仅限于她一人，也会让他们感到乏味。结婚时间长了，男人对妻子的感情进入疲劳期，潜意识里他们渴望新的爱情出现，以此作为调剂来唤醒自己沉睡的激情。

很多男人一生中多次猎取艳遇，他们认为这对婚姻和自己都有好处。事实上，不忠永远是婚姻最大的致命伤。为了维持婚外情，他们需要许多借口，欺骗妻子和家人，一个谎言接着一个谎言，直到婚外情结束或真相大白。当真相浮出水面，妻子会因此心碎，并感到爱情被辜负、信任被利用，有的妻子甚至因此产生阴暗心理，自己寻找婚外情进行报复。

婚姻一旦产生裂痕，就不容易进行修补，它需要夫妻更多的精力和更大的宽容，有些婚姻因此半途而废，再也回不到原点。即使婚外情侥幸未被发觉，它对婚姻依然存在潜在的破坏性——当事人会伺机展开下一段恋情，因为未被发觉和惩罚，他们增强了对自己分饰两角的信心。当然，自生自灭的婚外情并不多，有些甚至是当事人自己说出来的——他们终于碰到再一次想厮守终生的对象了。

美国华盛顿大学临床心理学博士葛罗丽亚·G.哈里斯博士在其《面对情变》一书中，把婚外恋分为四种类型：风流成性型婚外恋（serialaffairs）、露水情缘型婚外恋（flingsaffairs）、感情投入型婚外恋（romanticloveaffairs）和长期关系型婚外恋（long-termaffairs）。

在这四种类型中，前两种类型不涉及感情的投入，只是为了满足一种激情。沉迷于这类婚外恋的人，一般都对自己的配偶保持情感和责任，婚外恋无非是"一点儿风流韵事，没什么大不了的"。在通常情况下，前两种类型的婚外情占大多数。

后两种婚外恋类型一般有较高的感情投入，持续时间长，且不仅限于肉体和性欲的满足，而是投入了精神和情感。毋庸置疑，后两类婚外恋对婚姻的影响是比较严重的，当事人要么痛苦地结束这段恋情，要么为恋情而选择离婚。

那么，究竟什么样的男性更容易或有更多机会发生婚外情呢？

◇ 有钱、有权的男人。他们手中的金钱和可以带来金钱的权力，特别受年轻貌美的女性青睐。

◇ 对妻子不满的男人。如果对夫妻关系或妻子的外貌、个性、性生活等不满，他们很可能会到家庭外寻求补偿。

◇ 妻子处于怀孕及生育期间的男人。他们可能会在这段时间经受不住外面的引诱。

◇ "唐璜"式的情场高手。他们游戏人生，不会付出真正的感情。

◇ 四五十岁的中年男人。此时期的男人阅历丰富，显得成熟、有责任心，尤其再加上物质条件较好，是很多年轻懵懂的女性的"杀手"。

◇ 娶了女强人的男人。他们长期压抑，需要宣泄以维持男性的自尊。

◇ 对自己人生或事业不满意的男人。他们往往通过婚外情另寻寄托。

◇ 长期出差在外的男性。他们需要填补寂寞。

◇ 婚前性经验丰富的男性。他们一般无法忍受单一的性爱。

女性婚外情的特点

提到婚姻危机，大多数人的第一反应是"婚外情"，而且是男人有了婚外情。但事实上，随着女性经济地位和自我意识的提高，其出轨比例也逐渐增加。如果女性对现实婚姻不满，对自身经济地位不满，就容易试图通过婚外情改善状况。

女人在结婚后，生活和心理都会发生很大的变化，一些人放弃工作成为全职太太，承担大部分家务，照顾丈夫和孩子的饮食起居。这使她们减少了和外界接触的机会，降低了她们在单身时的自由度及魅力。而且，随着时间的推移，在丈夫眼中，她们早已不复当年恋爱时的魅力，而变成了平庸琐碎的家庭主妇。因为工作和社会关系的需要，男人把大部分精力放在家庭外部，女人自然受到了冷落。这时候，如果碰到欣赏和热恋自己的人，她们可能会怦然心动，重新体验到爱情的感觉。接受婚外恋的心理动机，可能是为了找回因为婚姻而失去的自我。

职业女性较为独立，接触外界的机会多，在越来越开放的社会环境下，她们受到的诱惑较之过去增加了很多。如果她们不满意自己的婚姻状况，且不打算离婚，则较容易用婚姻外的调剂来弥补自己内心对于情感的需要。

对于生活平淡、情感饥渴的女人来说，婚外情像是一剂强心针，它使女人重新感受到自己的魅力，体验到被爱和被重视的感觉，找到了爱情和生活的意义。危险的是，女人发展婚外情容易"惹火上身"。

男人容易从婚外情中抽身而出，是因为他们把家庭和情人分得很清楚。他们将婚外情界定为家庭之外让自己快乐的情感源泉，家则是自己的港湾，很难将两者的功能倒置。但女人则不同，她们更注重精神和内心感受，如果没有情感，她们不会接纳对方的身体，而一旦发展为肉体关系，她们对情人的忠诚度就会越来越高，很容易全身心地陷进去。

女人的成熟
比成功更重要

在一些社会学家与出轨女人的访谈中，她们坦承对情人的感情几乎比对丈夫的还要深，只要情人接纳，她们就会离开丈夫，和情人组建家庭。也正因为这样，有人将女人出轨形象地比喻为"远行"，而将男人出轨称为"开小差儿"。

还有一些情况，比如有的女人发展婚外情纯粹是为了报复丈夫的不忠；有的则为了发展自己的事业或增加财富，偷偷做那些有权有势的男人的情人；有的则是在找经济保障，这主要是一些家庭收入较低、希望借由其他男人改善生活水平、满足自己享乐的女人，她们甘愿成为某个男人的情人，而没有改变自己婚姻状态的要求。

在婚姻中给别人做情人的女人会有一种心理负担，我们称为"二奶心态"——这是一种灵魂和肉体错位的感觉。也许在身体上她们能够享受到很多美妙的感觉，但灵魂深处她们是孤独的。她们既不能像单身女性一样公开地寻找伴侣，也不能像其他已婚女人一样光明正大地接受丈夫的爱。

总之，女人出轨对婚姻和家庭的破坏程度往往更高，男女双方出轨的生理需求不一样，社会对男女出轨的宽容程度不一样，男女双方对结果的承受能力也不一样。对于女人来说，无论哪一种婚外情，其背后的根源都是她的婚姻出现了一些问题，或是婚姻未能满足她的情感、自尊、价值、身体等方面的需要，或是未能达到她的物质和社会地位等方面的要求。当然，有些功能的确应该由婚姻承担的，比如通过和丈夫沟通，情感或性爱等能够得以改善，有些则不一定是婚姻必须提供的，如社会地位的提升或财富的增加，这就需要当事人调整自己的心态，更新自己的观念（相关内容将在后面讲述）。

夫妻是荣辱共同体

社会环境的复杂多变造成个人心灵和际遇的嬗变，使婚姻危机在现代社会司空见惯。为了预防婚姻危机的产生，妥善处理危机发生过程中的种种问题，危机管理成为一个不可回避的现实话题。在我国，离婚率也呈现逐年上升的趋势。因此，通常女性所面临的婚姻危机比事业危机更为普遍。

案 例

小郝从来没想过婚外情会发生在自己丈夫身上，这个相貌、身材均令人羡慕的职业女性一直对自己相当有信心，她甚至有点轻视那些"管不住"丈夫的女人。直到有一天，她发现了丈夫王东手机里的秘密——一连串暧昧露骨的短信，证明丈夫和别的女人已经发展到了令她难堪的地步。那一瞬间，小郝多年来对丈夫的信任全盘崩溃，浓浓的爱变成了深深的恨。

看到妻子歇斯底里的模样，王东吓坏了，他本来就是"妻管严"，现在更是六神无主，怕把事情闹大。他抱着"打死也不说"的心态，拼命否认，解释那只是无聊发着玩的。但小郝是那种眼里不揉沙的女人，丈夫"敢做不敢当"更让她厌恶。于是她背地里开始调查，一个个打电话给丈夫的朋友、同事，最终打听出那是丈夫的一个新下属，除了年轻一点外，姿色和能力远比不上小郝。

等到小郝跑去王东的单位羞辱那个女孩，事情终于到了不可挽回的地步——王东被迫暂时停职，而那个女孩也消失了。

王东沮丧极了，他没想和那个女孩怎么样，就是感到和老婆在一起压力太大，出来"透透气"。但"透气"的后果太严重了，老婆要离婚，工作快保不住了。再加上所有重要的社会关系都知道了这件事，更让他颜面无光。朋友倒没什么，都过来安慰他（朋友的老婆们就另当别论了，生怕他带坏自己的丈夫），多年维系的客户就不行了，搞不清楚状况，还以为他品行出了多大问题。

"原本是歉疚，现在则是恨。"王东觉得妻子做得太过分了，对一个男人来说，事业、面子太重要了。赌气之下，他同意了离婚。

显而易见，这场婚姻危机没有胜者。小郝虽然惩罚了丈夫，也把自己推向了离婚的深渊。事实上，离婚只是她盛怒下的决定，内心根本没有做好准备。况且丈夫除了这次出轨伤害了她，其他方面还是蛮称职的。

幸好经过朋友们的一番撮合，二人回心转意，离婚的事算是暂告一段落。但翻过这一页并不容易，他们很快便发现生活再也回不到正轨了。知道王东出轨的人太多了，有些人看他俩的眼神都怪怪的，小郝的家人、亲戚，话语间总流露出对王东的不放心，让两个人分外尴尬。王东虽然又回到原单位上班，但他的人际关系因为这件事变得紧张起来，女同事不敢和他走近，不喜欢他的人话里话外总露出奚落的意思，一次本该属于他的晋升机会也旁落他人……除了忍耐，王东别无他法，只盼着时间长了大家能淡忘这件事。

这对夫妻的麻烦是他们"合谋"造成的，王东自然是错误的根源，但小郝将丈夫的丑事告知天下则是错上加错。婚外情中受欺骗的一方常会丧失理智，发现配偶不忠便言行过激，逞一时之快，不顾及后果，最终不是将丈夫推到情人那一边，就是夫妻两个到头来收拾烂摊子。

事到如今，小郝才深刻体会到，夫妻是名誉共同体。丈夫做错事了，妻子自己也有责任，到处宣扬毁掉的不仅是丈夫的声誉，也是自己的。既要修补和丈夫的关系，又要帮着修补丈夫和自己家人的关系，小郝叫苦不迭。

看待这种事，香港影星袁咏仪颇有见地，她与张智霖是娱乐圈的一对金童玉女，结婚多年关系一直很稳定，这在娱乐圈里并不多见。袁咏仪曾经说："一段婚姻好不好，并非由一个人去控制，他有绯闻，我要先检讨和反省自己做得好不好。如果我做得好，老公就不会轻易放弃，人会选择好的东西，他会珍惜已经拥有的东西。"

Chapter **6**

在婚姻中
为自己留一片天空

人生应该有许多支点，
把生命的重量全部放在爱情、婚姻或家庭中，是十分危险的。
懂得爱自己才是人生第一课。
走出认知上的误区，做个有追求的现代女性。

结婚后，你比以前更幸福了吗？

现在社会上的资源确实被男人占据的太多了，所以有的男人难免会张扬、会忘记本分。我们也确实遗憾地看到，因为缺少内在的文化涵养、缺乏精神上的进一步追求，社会上有不少一成功就飘飘然的男人，他们不懂得尊重一路陪伴的妻子，更不要妄谈为人父的责任。和这样修炼不够的男人在婚姻里相处，女人就会变成弱势的一方。在这种情况下，女人如果过于强硬，处处跟丈夫针锋相对，就难免发生正面冲突，吃亏的难免是女人自己，孩子也会在一种剑拔弩张的氛围下长大。

所以，我是在这样一种社会环境不完善的情况下，告诉女人要懂得示弱。不要总想着去改变别人，人在对环境不满的时候，最积极主动的办法是改变自己。通过不断地修炼和提升自己，给家庭创造一个温馨和谐的氛围，最终赢得丈夫的理解和尊重，并赢得一个幸福的家庭。

我一直相信"天道酬勤、地道酬善"，上天会对你的勤奋有所回报，你所有努力都不会白费；而人世间最大的道理就是善有善报，上天会用它的方式对善人善行有所回报。而且，我从来不认为好女人就是一味逆来顺受、委曲求全，好女人意味着以柔克刚。

婚姻是一种关系，任何一种关系的长久维系，都离不开双方对彼此底线的相互尊重。没有底线的人是无法获得尊重的。有些婚姻的确已经走到了山穷水尽的地步，如果一方实在不能忍受另一方，那么离婚是最好的解脱。但是我常说一句话："组合可以换、个人

不能换"。意思是即便离婚，我们依然要保持良好的心态，用积极
和正面的心态面对所发生的一切。修炼内心，使精神保持独立，好
好爱自己，保持学习的习惯……真正让我们产生幸福感的并不是婚
姻本身，而是我们感知幸福和创造幸福的能力。

另外还有一点我想分享给大家，婚姻中两种人最难得：一种是年轻
时陪着男人过苦日子的好女人；另一种是富裕后陪着女人过好日子的好
男人。目前在中国社会，许多女人愿意陪着男人过苦日子，但是生活富
裕后，许多男人却不愿意陪着女人过好日子。这固然有男人的原因，女
人也要同时反思，自己是否未能与时俱进，失去了对男人的吸引力，才
导致这样的结果。每每我在给男性班的同学们讲课时，都会告诫他们：
做男人要有担当，无论事业做得多大多强，都不能因此看不起自己的妻
子，更不能对待妻子态度粗暴。要感恩妻子对家庭和孩子的付出，你的
成功也包含着妻子的功劳。男人在生活中要守住本分，要关爱妻子，教
育孩子，尽到丈夫和父亲的责任。

婚姻危机，是人生中最为痛苦的事情之一，就像美国前第一夫人希
拉里面对丈夫克林顿的背叛所说的："这是我毕生所经历的最感到心力
交瘁、最令人震惊、最为伤痛的事情。"

但当事情发生了，你就得毫无退路地去面对它。这时候，冷静和理
智是唯一自救的武器。不要头脑发热，也不要心灰意冷，要知道，你绝
不是第一个碰到这种问题的女人，也不会是最后一个。向信任且能保守
秘密的人倾诉自己的痛苦（人数越少越好），向专业人士咨询意见，无
论最终婚姻解体与否，这样做都将最大限度地保护自己和你所爱的人。

女人的成熟
比成功更重要

　　当丈夫发生了婚外情，你除了要详细了解他和情人的始末，更要了解自己，问一问自己真实的感受——能否再次接受他。如果答案是否定的，那么就只有离婚一条路——记住，一定要深思熟虑，考虑长远，想象一下你能否接受未来没有他的生活（单独抚养孩子、寻觅其他伴侣等）。

　　如果离不开，那只能选择原谅，所有惩罚他的决定都要基于宽容的原则。当初披上婚纱时，你心中只想着未来的幸福美景，但真实的生活是不完美的，没有瑕疵的婚姻也不存在。婚外情的出现首先是婚姻内部出了问题，要杜绝和根除它，应先找到症结所在。

　　因此，你需要和丈夫深谈几次，以平等、平和的态度交换意见，不要争吵，居高临下地一味埋怨他。如果你能理智而非情绪化地面对问题，男人会感到即使自己做了错事也并没有丧失尊严——男人在感到有尊严时会更珍惜自己的诺言。

　　当然适当的惩罚是必须的，但要注意惩罚的原则是在婚姻内惩罚，而不是拱手将权力让给其他人。

　　发生过的事情，我们谁也无法将它改写。因此，当丈夫真诚悔过时，要试着接受他。当然，婚外情是严重的背叛，原谅是一个非常漫长的过程。这时候我希望你们能够常常记得这句话："牢固的婚姻要以互相信任为前提，但这还不够，必须再加上宽容和忍耐才行。"

　　的确，宽容和忍耐不仅是女人的美德，也是智慧。我曾听过这样一个故事，讲的是一个女人依靠宽容和忍耐，捍卫了自己的家庭。

案 例

某大学一位老教授，经常到各地讲课，他丰富的学识和儒雅的风度吸引了很多女性的目光。某次讲课后，一位四十多岁的女学生向他表达了爱慕之情。在多次接触之后，两人之间撞出了火花。

老教授觉得，自己都年过花甲了，还能获得四十多岁女性的青睐，真是"老树开花"，迎来了"第二春"。他顿时心中充满了活力，生活恢复了生机。相比之下，原来的婚姻简直是一潭死水，于是他决定要和自己同龄的太太离婚。

这位老太太很善良，在听完自己的先生讲的这些事情之后，虽然也劝导过他，但看没有收到效果，于是就认了，说："那好吧，我同意离婚了，不过在离婚之前，你要把这个女人带回家，让我看一看她到底适不适合你。"老教授知道老太太的脾气，就答应了。

两个女人见面后，老太太就对她说："你要跟老先生一起生活，需要了解他的一些生活习惯，比如他早上喜欢吃什么，爱穿什么样式的衣服，晚上习惯几点钟休息。"于是，她不紧不慢地将老先生日常生活中的细节一一告诉这位女士，语气中没有一点怨恨，也没有流露出来一点不满。最后她又说，老教授有轻微的糖尿病和高血压，所以每天早饭之后一定要给他吃药，不吃药病情可能会恶化。

这时候，这位四十多岁的女士忽然有些感动，面对眼前这位阅尽风霜的老太太，虽然自己是第三者，对方却没有一丝敌意，要伤害这么一位善良的女性，自己于心不忍。再想想这位老先生，身体已经不太健康了，而自己才四十多岁，如果结了婚，自己就要照顾一个比自己大那么多的老人，这对自己未免太不公平了。思前想后，她决定退出。

老先生对此非常气愤，他觉得是老太太坏了他的好事，在一段时间内脾气很坏，经常无理取闹，摔杯子，摆脸色。老太太一语不发，只是默默承受。渐渐地，老先生又恢复了平静，生活恢复了正常，这件事总算过去了。

从上面这个故事我们可以看出来，老太太虽然遭到丈夫无情的对待，但她采取了宽容的态度、理智的方法面对危机，设身处地地为对方着想，最终化解了危机，实在不能不让人佩服！

当然，修炼到老太太这种无欲无求的境界是有难度的，尤其是年轻带着孩子的女性。未来的生活是很现实的问题，如果丈夫已经无法回头，你需要及时求助专业机构，听从婚姻顾问和律师的意见，为自己争取相应的权利和保障。要知道，男人一旦决定离婚，他原有的责任感就会降低或消失，变得判若两人，因此，很多人会做出转移财产等事情。不要继续以妻子的心态对待一个即将不是你丈夫的男人，现实生活中有太多女性因为心存幻想、心太软，最终落得人财两空的下场。所以有人感叹地说："想看清女人的真面目，要在她卸妆后；想看清男人的真面目，是在大家分手后。"

最后，总结一下处理婚姻危机的原则和方法，希望对碰到此类问题的女性朋友有所帮助。

第一，用尽量短的时间冷静下来，在头脑中最好是在纸上列出你要处理的事情，依照重要程度按次序排列，并注明自己需要注意的问题，如"和他谈话要注意倾听，控制情绪""向××倾诉时这一点是不能讲的"，等等。

第二，寻找专业机构，咨询法律程序，做到心中有数，做好事情向最坏的方向发展的准备。

第三，婚外情已经是很大的伤痛和遗憾，绝不要因为处理不当使今后的生活处在更大的遗憾和伤痛中。切记，不要伤害别人，同时也要防范被别人伤害。

第四，为报复，自己也找情人的做法是愚蠢的。

第五，管住自己的嘴，不要到处倾诉丈夫的不忠。危机解决重新生活后，不要再提起这件事，抱住丈夫的越轨行为不放只会让你们的婚姻一直停留在阴影中。

第六，学会宽容，坚强地面对变化和生活，不要拒绝内心的成长，无论遭遇什么样的状况，永远对生活怀有信心。

不要在婚姻中失去自我

人生应该有许多支点，把生命的重量全部放在爱情、婚姻或家庭中，是十分危险的投资方式。

中国五千年的历史文化对女性有着根深蒂固的影响，但时至今日，现代女性更应该寻找属于自己的一片天空。而要完成这一目标，女性在观念上应该更新，重新设计自己，走出认知上的误区，做一个有追求的女性。

女人的成熟
比成功更重要

西方有一句名言说："女人最大的野心就是往男人的心中灌输爱情！"因此有人说："爱情是女人一生的事业，是女人走向幸福的、甜蜜的生活的一个踏脚石。"但是爱情不是万能的，它既是天使也是魔鬼。美好的爱情给生命带来了滋润，带来了甜蜜和幸福，而变了质的爱情给人带来的却可能是痛苦，甚至是灾难。

"干得好不如嫁得好"包含两层意思，一是作为女人，无论事业多成功，假若婚姻不幸福，人们对她的综合评价也不如那些婚姻幸福、事业平平者；一是无论工作多努力，也比不上借助婚姻提升社会地位的人。这就好比一群女孩子从同一起点开始赛跑，本来速度都差不多，忽然有一匹千里马跑到她们身边，一个幸运儿跳到马背上，她一下子超越了其他人遥遥领先——这匹千里马就是一个有权有势的男人，一个能提供优越生活和较高社会地位的婚姻的化身。

还有很多在社会上广泛流传的俗语警句，如"男人靠征服世界征服女人，女人靠征服男人征服世界""嫁汉嫁汉，穿衣吃饭""男怕入错行，女怕嫁错郎"等。表达不同，其精神内核是一致的，即女人需要借助男人来满足物质和精神的欲望。

正是这一错误观念使无数女性迷失了自我，她们将人生的意义附着在他人身上，把婚姻和家庭作为唯一的支点，渴望"妻以夫荣"，却最终遭到了丈夫在精神或肉体上的遗弃。

案 例

李萍在大学很出风头，人长得标致，成绩出类拔萃，还担任过学生会主席，追求她的男生足够"一打"，最终，一个优秀的男孩掳获了她的芳心。毕业后，她和男友都想考研，但双方家庭均无法提供任何帮助。几番犹豫后，男友的一句话让她最终决定放弃深造："咱们结婚吧，我需要你，将来我的一切都是你的……"

李萍把自己的梦想寄托在丈夫身上，找了份工作赚钱养家。4年后，他们的孩子出生了，丈夫想趁年轻再进一步，于是她再一次做出牺牲，全心全意支持丈夫读到博士后。为了让丈夫免除后顾之忧，她抚养孩子，照顾老人，承担了所有家务。因为家庭牵扯精力太多，她自己的工作一直没有起色。

不幸的是，还没体会到"妻以夫荣"，李萍就先尝到被背叛的滋味。原来，丈夫毕业后进入一家大型跨国公司，很快便和一个年轻时尚的同事好上了。他对李萍的评价居然是："没有共同语言，整天就知道眼皮底下的一点小事，层次太低，像个家庭妇女……"

李萍欲哭无泪，她痛苦是因为丈夫每句话说得都是对的，但所有人都可以这样说，唯独他不能。正是为了他，本来前途光明的自己才放弃理想和抱负，成了一个碌碌无为的家庭主妇。她的牺牲因为丈夫的负心已经毫无意义，惨痛的教训使李萍明白了一个道理：为别人而活，终究活不出自己想要的未来。

如果一个女人在年轻时依靠美貌或一些外在的条件去吸引一个男人，像投资一样把未来的希望都寄托在这个男人身上，甚至把自己人生价值的探索也依附在对方身上，这是非常危险的事。因为，当一个女人如此选择，自己一点儿不上进，不愿意学习，久而久之，便会被社会和时代淘汰，自身价值下降。而与时俱进的男人竞争力是在不断上升的。两相对比之下，原地踏步甚至退步的女人，即便长得再美，吸引力也会下降。有些像花瓶一样的女人进入中老年时慢慢地心生恐惧，担心哪天

女人的成熟
比成功更重要

丈夫会抛下自己另觅新欢。这时她别无他法，只有降低姿态，不断要求丈夫做出保证不要离开自己。

如果一个女人一开始就知道自己要什么，明确自己的人生目标，并根据目标不断学习和追求，懂得并舍得投资自己。那么，她就会始终处在一种良好状态下，拥有莫大的吸引力，像铁会被磁铁吸引一样，优秀的男人就会被这样的女人吸引。所以，女人的安全感并不来自外界，而来自自我的价值感和成就感。

　　女人要记住：永远要有自己的追求和梦想，不要让某个男人成为你生活的全部。否则哪天这个男人离开了你，你将一无所有。

因此，爱一个人最好的方式就是经营好自己，给对方一个优质的爱人。因为你优秀，你有价值，你的付出才会被珍惜。女人千万不要活得像一支烟，男人无聊时把你点燃，吸完了又将烟灰弹出去。女人应活的像毒品一样，要么惹不起，要么男人生活中不能没有你。所以，女人长得漂亮是先天的优势，但后天要活得漂亮，活出精彩，这才是自己真正的本事。

人生应该有许多支点，把生命的重量全部放在爱情、婚姻或家庭中，是十分危险的投资方式。因为一旦丈夫终止"合作"，你最多只能得到经济上的赔偿。但这并不是你的初衷，你所期望的荣誉、信念被毁掉了，青春岁月回不来了，还有什么比这更令女人难受的呢？但事业、工作、爱好则不同，你付出了时间、精力，它们就会赋予你信心、能力、财富和乐趣。有了信心，未来才能被你掌握；有了能力，任何人也拿不走；有了财富，它可以换取更多自由及社会的尊重。

因此，妻子不要一味地只建筑丈夫的世界，把他的世界当成自己的世界。丈夫的成功固然很重要，但不要为了他牺牲一切。婚姻不是支撑女性走在幸福路上的最坚实的拐杖，也不是让女人过着快乐生活的唯一支柱。

许多中国女性都把丈夫的人生当成了自己的，似乎结了婚之后，双脚就不再走自己的路，而是每一步都踩在丈夫的脚印里。丈夫说什么，自己就信什么，丈夫追求什么，自己就需要什么。失去了独立的精神、独立思考的能力，将自己人生方向的舵交到丈夫手里。如果碰上负责任、有担待的男人，那么倒也是一桩美事，成全了男人大丈夫的控制欲和虚荣心。但是有的女性却不那么幸运，如果不幸遇到了不可依靠的男人，命运就整个换了个方向。因此，痴情女被冷落、被抛弃的悲剧才接连不断地上演。

那女人是不是成名了，或者赚到钱了，就是实现了自我价值呢？我想不一定！这个要看她自己的内在价值，也就是她自己的价值观、认知和文化理念。

案 例

国民党的名誉主席连战的夫人连方瑀，是我的学长。连方瑀跟连战先生结婚之后生育了四个儿女。她自己虽然在美国拿到了硕士学位，但是她嫁到了连家（连家是台湾地区的一个望族），回到台湾地区后，丈夫从政，她自己再也没有到外面工作过，任务就是抚养教育这四个孩子。她甘愿以丈夫和孩子为重，自己为其次，完成一个做妻子、做母亲的责任。这样的女士，你觉得她到底有没有自我呢？我觉得她有！

在几年前，她跟着丈夫连战一起到祖国大陆来，每到一个地方，人们都要请连战题词题字。连方瑀从小跟着外祖父读了很多诗词，所以她可以出口成章，帮丈夫解围。余秋雨这样评价她："她常常能从寻常态的旅途叙述中拔身而出，联想到与眼前景物有关的历史和诗文。"连方瑀访问祖国大陆期间，不仅她高雅的风度与气质吸引了大陆姐妹，台湾地区媒体工作者陈文茜说她是"带动的时尚符号""带领观看者跨越了脑海里存在已久的两岸的意识障碍"。

回到台湾地区之后，她写了一本书，叫《半个世纪的相逢》，记录这次两岸和平之旅。在这本书里，体现出她的学识和内在的涵养。虽然她没有自己的事业，但她从没间断过写作的爱好。过去20年，她在台湾地区出版了四本随笔集。也就是说，她有自我，她不仅为儿女、为丈夫而活，也活出了自己的精彩！

"男主外，女主内"一直是中国乃至世界（如日本、德国都是著名的用男人薪水养活全家的国家）传统婚姻沿用的模式。但在美国，随着越来越多的女子跻身高薪队伍，"男主内，女主外"的模式悄然流行。据统计，在美国双职工家庭中，妻子收入比丈夫高的占30％以上；妻子是家庭主要经济来源的占11％。在这样的家庭中，再坚持"男主外、女主内"的传统模式，既不可能，又不合理，更不合算。

今天的女性朋友尊重性别的差异，遵循女性的特质，调整自己努力的方向，顺应世界潮流和当前的发展趋势，趁势而上，逐步完善自己。在追求个人独立和家庭责任间均不偏废，才是现代女性的理性选择。

正确理解婚姻关系和血缘关系

西方家庭伦理学里有一个重要的理论，即夫妻关系的维护胜过亲子关系。亲子关系是血缘关系，无论你的父亲多不好，他仍然是你的父亲；无论你的儿子多不成器，他永远是你的儿子，这就是血缘关系，割舍不断的。而婚姻关系，当激情不再、亲情还未建立稳妥时，它只是一种契约、一张纸的关系，相当脆弱的。因此，夫妻关系需要双方的共同维护，夫妻二人是家庭稳定生活的维护者。

> 科学研究证明，对孩子大脑发育最合适的地方就是温馨的家庭。夫妻关系和谐，家庭生活愉快，孩子在轻松欢乐的气氛中成长，身心就会很健康；反之，如夫妻关系紧张甚至婚姻破裂，受到伤害最大的就是孩子。

在现在许多独生子女家庭里，父母把孩子看得过重，孩子成为了自己心中的最爱。许多人过度重视亲子关系，忽略夫妻关系，导致了许多严重的后果。比如，丈夫因为长期被妻子冷落，又受了外面的引诱，最后出轨到婚外寻找慰藉。有的母亲产生了恋子情结，当孩子长大离家后，倍觉失落。在儿子结婚后，母亲觉得儿子被另外一个女人"夺爱"，婆媳关系紧张。还有一种情况是儿子易产生恋母情结，因为被母亲过度呵护，精神无法断奶，独立性很差。长大结婚后，也容易与妻子产生很多矛盾。

我有一位女学生就是在结婚十年后，千辛万苦才迎来了第一个孩子。之后她把所有心思放在孩子身上，忽略了丈夫，对他关心不够，导致丈夫落差太大，渐渐有了外遇。最后两人关系无法挽回，分道扬镳离了婚，这是一个蛮遗憾的结局。

所以，妻子在陪伴照顾孩子之余，也要适当安排夫妻二人的休闲生活。有的时候并不是孩子离不开父母，而是父母离不开孩子，过度干扰孩子的成长。对孩子过度关注，也会伤害到自己。

做父母的还要理解：世界上所有的爱都是为了相聚，唯有父母对孩子的爱是为了分离。当你的孩子成年后，他要脱离原生家庭，独立去生活。做母亲的必须清楚并接受这样的现实才是正确的。

遭遇家庭暴力怎么办？

曾有女学生向我询问：遭遇家庭暴力该怎么办？

首先请大家一定要明确一个概念：家庭暴力属于违法行为，施暴者侵犯人权、危害社会，必须依法承担相应的法律责任。所以，如果你或你身边的人正在遭遇家庭暴力，不要惊慌、不要害怕，你们可以寻求法律的帮助。公安部门都设有家庭暴力受理中心，你们可以到当地公安部门去报案，但要注意提前收集证据。

家庭暴力是个全球性的问题，在世界各国，丈夫在家庭中虐待妻子的现象都十分常见。根据调查，中国家庭暴力的发生率为29.7%～35.7%，其中受害者90%以上为女性。在挨了丈夫的拳打脚踢之后，很多女性不是选择反抗，不去报警或到妇联等部门争取援助，而是忍辱负重不声张。她们这样做，一是不希望家丑外扬；二是怕丈夫知道后，更凶狠地对待自己。但软弱只会助长施暴者的气焰，要知道，在施暴者中，25%的人是具有人格障碍的，其中反社会型人格障碍和冲动型人格障碍居多。这些人扭曲的性格形成始于原生家庭，其中一些人从小就生活在充满暴力的家庭环境中，或是亲眼目睹自己的父亲殴打母亲，或是自己从小就被暴力对待。我曾看过这样一篇新闻报道，很有代表性：

案 例

　　几年前，经人介绍，马某与妻子孙某相识。恋爱时两人关系很好，马某在部队当兵，两人常通书信，寄托相思。一年后两人结婚，婚后马某仿佛变了一个人，一回家动辄就对妻子打骂，还恶语威胁妻子，如果把事情告诉其父母，就会杀其全家。为了家人的安危，孙某忍气吞声，所有苦都往肚子里咽。可忍让并没有让丈夫有所改变，她遭受的毒打越来越多，经常被打到流血住院。

　　据孙某的妹妹回忆，他曾多次目睹马某暴打自己的姐姐，也曾听姐姐哭诉挨打的经历。她说，"只要一点小事不合心意，他就会毒打姐姐，姐姐只要一反驳他，就遭到威胁：'你敢顶嘴就杀了你'！"

　　一次，马某买了一箱水果回来，孙某发现里面有很多烂的，就说了句："你也不挑一下，怎么一箱净烂的？"简单的一句话，激怒了暴虐

成性的马某，他一下子把整箱水果都扔到门外，揪住孙某的头发对其大打出手。还有一次，马某的战友来家中做客。因为不满意孙某所做的饭菜，战友走后，马某把饭桌掀翻，紧接着一下子就把孙某推出去三四米远，又掐住其脖子殴打她。

孙某最终没能逃脱丈夫的魔爪，在苦熬八年之后，她在一次丈夫的疯狂施暴中被打死。更可怕的是，她四岁的女儿当时就在眼前。也就是说，小小幼童亲眼目睹了自己的父亲将母亲杀死。这对其一生来说，都将是个无法走出的阴影！

所以，遭遇家暴而不奋力抗争，等于置自己和家人的生命安全于不顾。人格有障碍的人不会自行改变，屡屡施暴没有任何惩罚，他们的暴力行为就会形成习惯，动不动就用拳头。现实生活中有很多事实告诉我们，制止家庭暴力的关键往往在于"第一次"。

在首次遭遇家庭暴力的时候，很多女人常常是震惊大于恐惧和愤怒，她们不明白一向好好的丈夫是怎么了，以为对方只是一时冲动。她们不知道，此时对方的真面目才真正暴露出来，若不给予强烈反抗，不久就会有更严重的第二次、第三次……

只要遇到家庭暴力，女人就要以最大的反抗进行回应，特别是第一次。务必让对方彻底从这第一次的"不小心"和"莽撞"中醒悟过来，接受严厉的惩罚，进行深切地反省。下一次他再想动拳头，一定要好好掂量掂量。具体用什么办法，每个人、每对夫妻的情况都不同，需要自己去具体想办法解决。

家庭暴力的发生，有很强的生物因素。也就是男人有力量的优势：欺软怕硬。如果男人发现拳头很管用，能让女人乖乖听话，他们就倾向于反复用这样的招数。另外，不要以为施暴的男人都非常强壮强势，其实有很多看起来较为懦弱的男人，反而容易"窝里横"。他们在外面受了气或混得不好，就回家打老婆撒气；还有的人心胸非常狭隘、控制欲强、疑神疑鬼，不允许妻子和其他异性有任何接触，总怀疑自己被女人背叛，常以暴力来征服和控制妻子。家庭暴力中也有极少数情况是女人施暴，丈夫反过来变成了受虐者，这也跟当事人的生物特征紧密相关。一般这种情况都是女人身体非常强壮，反应很机敏，或者个性极为彪悍。

前面我提到，如果一个家庭中丈夫存在人格障碍，原因如儿童期曾长期遭受过家暴，成年后就容易演变为施暴者。但一些男性并不属于反社会或冲动性人格，甚至看起来老实木讷，却一样会对妻子施暴。这又是为什么呢？

这往往是因为他们的妻子存在"语言暴力"。一般来说，小时候经常被暴打或责骂的女性，成年后就容易对他人实施"语言暴力"。例如，她们看待问题非常偏激和负面，人际关系紧张，说话尖酸刻薄，具有伤害性，往往能找出最让人受不了、让人暴跳如雷的话攻击对方。这样的女性若嫁给语拙的男人，男方有的就会因为长期压抑，最后按捺不住，挥动拳头解决家庭问题。

面对家暴，公众都会指责施暴方。但事实上，很多家暴的发生，起因是女人首先使用语言暴力。语言暴力也是家庭暴力的一种。在这里，我必须要提醒广大女性，一定要尊重你的丈夫，不要羞辱、辱骂、嘲笑、讽刺、挖苦男人。不要以为自己能言善辩、把丈夫说得哑口无言是一种胜利。这是大错特错的！女人需要被关爱，男人需要被尊重。一个男人宁愿没人爱他，也不愿接受一个不尊重他的人的爱。

男人把脸面看得非常重要，即便他事业不成功，对家庭不够负责，对你不够关爱，在很多事情上做的不能让你满意，你在表达内心不满时，也一定要冷静、理智，说话留有余地，千万不要戳他的脊梁骨，更不要把他的家人也牵扯进来一起骂。这是非常危险的，这不仅会让男人失去对你的爱，还会直接挑战他承受极限。一般来说，男人在语言能力上会逊色于女人，而行动能力则较强。当男人被女人骂得狗血淋头、热血上涌，却没有任何办法让女人闭嘴时，很容易一时失控动起拳头，通过力量把女人压制住。

案 例

我有一个女学生，就是在和丈夫激烈争吵时，头脑一热说了句非常过头的话，让一直对她呵护备至的老公暴跳如雷，当即就给了她一记耳光。她当然很是错愕、大哭大闹，跑回娘家让家人出面帮她。但因为她讲的话非常难听，即使是她自己的妈妈听了，都认为是她犯错在先。所以说，这样的打就是白挨的，完全没必要的。如果女人事先懂得这些道理，在和丈夫吵架、争论时，就事论事，不去侮辱对方人格，不去激怒对方，也许一些家庭暴力事件就可以避免了。遗憾的是，很多女人一辈子都不懂得这个道理，和自己的男人争了一辈子，讨了一辈子的打，错失了本该属于自己的幸福。

实际上，夫妻吵架不管谁赢谁输，事实上没有赢者，双方都是输家。万不得已吵架时，会吵架的人顶多只是点到为止，从来不想赢架。几年前，美国有人研究受虐待的妻子（Abused Wives），结果发现，挨打的妻子们的共同特征是她们每次在吵架时都是吵赢丈夫的，丈夫无法在语言上占到优势，就只好用拳头来证明了。可见吵赢了架不仅没有实质上的好处，还可能会招来毒打。会吵架的人，事事给对方留余地，让对方有台阶可下，不会吵架的人却时时想把对方赶尽杀绝，这都是很蠢的做法。

如果女性朋友们已注意到自己的言行，丈夫仍然是施虐成性，或许他是具有心理或人格障碍，那么请你不要犹豫，要想一切办法保护好自己，并寻求家人、法律和舆论的援助。

在婚姻中发现你的价值

一个人的价值是自己决定的！绝不能因为嫁做人妇就随波逐流，忽视自己的能力，轻视自身的价值。

即使是经济独立且自信的女性，在婚后也会感到丧失了自我。在几年前的一次盖洛普调查中，1/3的女性认为她们受到了丈夫的控制与支配，感到无法掌握自己的生活或环境。美国婚姻专家尼尔·雅各布斯通过调查得出，婚姻可使男人免于患抑郁症，却容易让女人患上抑郁症。在患严重抑郁症的人群中，已婚女性的比例远远高于未婚女性，数量是已婚男性的三倍。

这种现象的确令人担忧，在我身边有不少的女性朋友，原本很优秀，婚后却丧失了对事业的热情；原本比较有主见，婚后却优柔寡断，很小的事情都要征求丈夫的意见；原本乐观开朗，婚后却变得敏感焦虑，闷闷不乐。台湾地区女作家三毛曾说过："婚姻会使一个女性迷失自己，不然，世界上杰出的女性原应多得多。"

女人的成熟
比成功更重要

为何婚姻使一些女人失去了独身时的幸福？为何她们会觉得被人控制？我想，除了客观因素外，与她们自己的观念也有很大关系。在传统社会里，女人全然受制于男人的思想和信念，依靠男性所定的价值观念去生活。而现代女性，需要树立正确的价值观念，建立自我价值和自尊，才能保持人格的独立。因而女性走出认知上的误区，使自己成为两人共同事业中不可缺的和不容易被取代的角色，有独立的作用和特点，才是维系夫妻关系的长远之道。

思想决定行动，性格决定命运。错误的观念会导致不理想的生活模式，只有正确的观念才能冲破生活枷锁，指引人追求幸福生活。事业的成功是成功，家庭的和谐也是成功，成功固然需要比别人多付出汗水，但更多时间是懂得思考——思考正确的人生观念，这是拥有幸福生活的指路灯。

在今天中国的婚恋文化中，仍有"嫁鸡随鸡、嫁狗随狗"的思想残余存在。有的女人甚至把婚姻视为"赌博"，意思是如果运气好，男人会爱你一辈子，运气差只能怪命运不济。事实上婚姻顺利与否，和你的经营方法有很大关系，也就是说，你完全可以把握婚姻的发展态势。一个人的价值是自己决定的，尤其是对于女人来说，要克服自我否定、自我轻视的倾向，相信自己对家庭和配偶的价值，更不能忽视自己具有掌控和改变命运的力量。上帝发给大多数人的牌都差不多，但有人赢，有人输，输赢皆因每个人打牌时战略、出牌顺序的不同而产生差异。

婚姻是女人一生的重要转折，从此你的人生增添了一些内容，多了丈夫、孩子，增加了更多的社会关系和责任。但你还是你，你的未来方向还要自己来定，人生之路还要自己一步一步走，一切选择都要出于自己的意愿，决不能闭上眼睛让其他人领路。

有的人因为家庭需要，辞去工作做全职太太，尽管自己做得十分辛苦，仍不自觉地认为自己在依靠他人过活。事实上这是一种非常错误的观念，如果你的丈夫有这种想法，一定要想办法纠正他。做全职太太是为使家庭利益最大化，夫妻关系不是说看谁赚的钱多谁就胜出，"money talks"（以金钱决定一切）在家庭中是行不通的。

　　虽然现代社会男女平等，但通常女人在追求事业的过程中，付出的艰辛有时比男人还要多。

　　我一直非常欣赏申雪、赵宏博这对冰坛爱侣，他们是中国体育史上首个花样滑冰奥运会的双人滑冠军。申雪的母亲曾在电视访谈中说，"从默默无闻到世界冠军，申雪这一路走了二十多年，这期间经历了多少心酸艰苦与付出，是常人无法想象的。每当我看到申雪接受高强度的训练，都心疼不已，屡次劝她放弃，但申雪都坚持下来了。"

　　在与赵宏博搭档合作的十几年中，两人的技术动作难度都达到了国际水平，也具备了冲击金牌的实力。但是，相对于表演技巧纯熟的欧美选手，艺术表现力不足使他们一度陷入了竞技生涯的瓶颈。但失败并没有让他们气馁，在国际专家及教练的指导下，两人开始从注重难度的技术型选手向难度、艺术表现力并重的全能选手转变。2003年花样滑冰世锦赛在美国华盛顿举行，申雪右踝关节意外严重扭伤，坚强的她竟然打着封闭上场参赛。凭借顽强意志和拼搏精神拿到了冠军，感动了全观众。申雪、赵宏博完美的滑冰事业也成就了他们的完美爱情，他们的故事让人们羡慕，也让人歌颂。

希望女性朋友们都能从申雪的经历中有所收获，强化自己的意志，设计明确的目标，少些迷茫和叹息，用乐观、自信的笑容感动自己，感染他人！每一个人的历史都是自己抒写出来的，每个人自有她（他）独特的价值，要知道，你的存在对这个世界有着特别的意义！

 ## 为家庭利益做出适当牺牲

案 例

高大的身材、干练的短发、敏捷的思维，米歇尔·奥巴马以其鲜明的个人风格迅速成为被全球关注的美国第一夫人。她是丈夫奥巴马走入政坛的"良师益友"，是他竞选征途上"最好的顾问"和"家庭的基石"。为协助奥巴马，米歇尔不得不辞去年薪高达27万美元的工作，牺牲自己的独立性。甚至连母亲也为女儿鸣不平，认为米歇尔肯定感觉不佳。

的确，从职业女性转型为家庭妇女，米歇尔经历了一系列心理调整和自我超越。2000年，奥巴马在第一次竞选国会参议员时落选。2004年，他以压倒性胜利进军国会山庄，成为美国首位黑人参议员。在他的家人还没适应这一新身份的时候，奥巴马又开始考虑参加2008年总统大选。这个突然的决定令米歇尔震惊，因为长期以来丈夫都在奔波事业，根本没法待在家中，为此她曾无数次向奥巴马发火："你只想着你自己！你从没想过我要一个人照顾家庭！"

米歇尔也曾经对婚姻生活产生过怀疑，"我选择了一种可笑的生活，少女时代的无忧无虑被婚后各种各样的压力取代"。她不喜欢对奥巴马说："你正在做大事，赶紧走吧，我来料理这些家庭琐事。"因为这样说，她心里会感到"非常生气"。要知道这个毕业于哈佛大学、工作能力出众的女人一样有着强烈的事业心，在她决定辞去芝加哥大学医院副院长职务，为丈夫助选时，其年薪是丈夫奥巴马的两倍。

从当初的抗争、怀疑、苦闷到今天的释怀、理解、宽容，米歇尔悟出了婚姻生活的真谛，她说："我们两个人彼此成长的环境很不一样，在家庭问题上自然会有不同的看法。我必须放弃自己的一部分坚持，他也是，这就是婚姻的一部分，每个人都必须做出让步。"

由此我们可以看出，奥巴马夫妇的婚姻和普通人的婚姻一样，也有着类似的烦恼，甚至矛盾更尖锐，做妻子的一方一样也会感到困惑和失落。他们在矛盾面前选择了互相妥协，尤其是米歇尔，但妥协并不等于自我放弃，米歇尔充满乐观地说："等到奥巴马任期结束，我才48岁，正是干事业的好年华，那时候孩子们大了，我可以心无旁骛地实现我的梦想。"

理想婚姻是个储备良好的后方营地，会让夫妻双方同时得到滋养，推动两颗心灵共同成长。要实现理想的婚姻并不容易——两个人都需要奉献，都有责任照顾这个营地，都要追求各自的进步，都要实现个人价值的人生巅峰。因为不是每个人都有能力把握好自己的事情，不是每个人都愿意换位思考、为配偶着想，不是每个人都明白婚姻的真谛，不是每个人都了解理想婚姻对人生的推动力。因此，现实中完美的婚姻才寥若晨星。

有些婚姻中的双方过分强调独立性，谁也不想丧失自己的权利，最终分道扬镳。我有一对朋友就是这样，夫妻两个都很成功，但他们谁都不愿牺牲自己在事业上的机会，将近40岁还没要孩子。因为聚少离多，两个人只把家当作旅馆，最后分别在外面有了情人——愿意依赖他们、为他们提供家庭温暖的人，于是他俩的婚姻宣告结束。

另一个极端情况是，有的婚姻过分强调依赖性，一方完全依赖另一方生活，无论精神上还是物质上，造成其中一个人"精神瘫痪""行动不能自理"，另一个人权力过大，失去监管，不堪重负。婚姻好比两个人相伴前行，各走各的、彼此谁也不需要对方，是不正常的，但一个人背负另一人也是不正常的，只有相互搀扶、奔向共同目标才是正道。

这就像坐跷跷板，夫妻二人各置一端，有时他高，你低，有时你高，他低，要完全处在一条水平线上是不太可能的。当一方高高在上做了"超人"时，另一方可能会付出极大的付出或牺牲。如果长期处于这种极端的情形，夫妻关系很可能因为不平衡和不平等导致冲突和破裂，必须进行调整。至于如何调整、向什么方向调整，就是婚姻经营的艺术了。

黎巴嫩诗人纪伯伦曾在一首诗中这样描绘他所向往的完美婚姻："你们的结合要保留空隙，让天堂的风在你们中间舞动；彼此相爱，但不要制造爱的枷锁，在你们灵魂的两岸之间，让爱成为涌动的海洋……一起欢笑，载歌载舞，但容许对方的独处，就像琵琶的弦，虽然在同一首音乐中飘动，然而你是你，我是我，彼此独立。"

因此，美满的婚姻关系都找到了"过分独立"和"过分依赖"两极之间的平衡点，选择平衡点的原则，就是家庭利益最大化。从社会发展的角度来看，婚姻的实质是一种分工合作并存的社会制度，夫妻携手使家庭利益最大化。哪种模式更有利于事业、家庭的协调发展，人们就会采用哪种模式。

学会放弃才能有所收获

案 例

有一个女人从小读书十分优秀，工作也出色，多年的顺境使她形成这样一个思维习惯，只要尽全力，就能得到自己想要的。因为她从来没有遭遇过逆境，也就很少审视自己的内心，总把外界的评价当作自己内心的声音。

在这种个性下，她做事情很少放弃，越是困难的事情，她越相信自己有解决的能力，因为一旦解决，赞扬就会更多，回报就会更高。

这种过分好强的性格缺陷终于在她失败的婚姻中显现了。在她30岁时千挑万选嫁给了一个看似优秀的男人，他外在的条件无一不让人羡慕，英俊、儒雅，有良好的教育背景和稳定的工作。但这个男人是不折不扣的花心情圣，婚姻危机很快便爆发了。

换作其他女子，在了解丈夫的劣根性后也就放弃了，毕竟自己还很年轻，又没有孩子，大可离婚另觅良缘。

但从不言败的她遇到这种事，纵使已经不像当初那样爱这个男人了，她也不愿放手，承认自己失败。压抑内心的不满、委屈和耻辱，她努力取悦他，化妆、练瑜伽、学烹饪，迫切地想要孩子，一心想让丈夫专注于自己。没过多久，她终于怀孕了，她以为自己所做的一切应该得到回报，但没想到丈夫已经无药可救，在她怀孕期间屡次出轨。

女人的成熟
比成功更重要

因为心情不好，她的妊娠反应特别强烈，整个身心都很无助。一天晚上，丈夫回来了，对她不闻不问，直接躺到床上去睡了。她闻着他衬衣上浓烈的香水味，一股强烈的呕吐感使她冲到卫生间，看着镜子中的自己，她忽然感到失去了一切，失去理智的她从抽屉中找出剪刀，剪去了那个熟睡男人的生殖器……

这件事情见报后，闹得沸沸扬扬。大家均认为这个女人非常愚蠢、无知，分手没什么大不了，为什么要害人害己呢？曾经那样深深地爱过、同枕共眠过了好多年的伴侣，即便不再有爱了，也不至于下此毒手吧！而且自己做了这样残忍的事，不仅要接受法律的惩罚锒铛入狱，等以后从牢中出来时，就算还会遇到知心的人，这个男人还敢娶她吗？

这就是一个因为不懂得放弃而引发的悲剧。如果她前30年的生活多些困难，多摔几个跟头，也许心理会更有弹性，更健康些，不至于在大的困难来临之际心理崩溃而铸成大错。所以，不要一心希望生活万事如意，有时候适当的挫折是好事。仔细想一想，我们每个人都是在问题中成长、成熟起来的，没有挫折，就学不会取舍。不懂得取舍，就无法妥善解决问题。

一只猴子将手伸到猎人布置的盒子里掏果实，果实抓住了，但抓着果实的手无法从盒子中抽出来。它不懂得放手，即使那样可以脱身不被猎人抓住，因为这是猴子的本性：不肯放下已经得到的东西。

别以为人和动物有天壤之别，看看上面这两则故事，难道没有几分相像吗？一个是为了爱情、尊严或者仇恨不惜失去自由；一个是为了果实不惜被猎捕失去生命。人和动物当然是有天壤之别的，动物是出自本能，人却是有智慧的生灵。如果人退化到和动物一样愚蠢，只能说他

（她）心智没有发育成熟。

我们生活中存在很多心智不成熟的人。当然，冒天下之大不韪、伤害他人的只是少数人，绝大多数人只是无法想通自己的问题，处理不好自己的危机或矛盾，这里面也包括那些人生经验丰富、步入中年的人，有一些人一生受困于某件事或某种情结，无法正视真实的人生。

对一个女人来说，拥有成熟的心智至关重要，甚至比美貌、身材、家世还重要许多。再出众的容貌、身材，再显赫的家世，也抵不上开放的心灵、智慧的头脑、成熟的处世态度。没有它们，个人资质或家世背景不会让你如虎添翼，反而容易让你陷入龙潭虎穴，因为你无法判断人生路上哪个是猎人的诱饵，哪个是上帝的礼物；有了它们，即使你再普通，仍能活得潇洒自如，哪怕境遇不顺，至少也能泰然处之。

所谓心智成熟，就是在相互冲突的自我世界中保持微妙的平衡，目标、欲望、责任、义务……如何配置你的精力和情感，需要不断地审时度势，做出调整，而保持平衡的最高原则就是学会放弃。

生活有时候是残酷的，活着需要勇气。有时候生活会逼迫你妥协，逼迫你放弃一些东西，使你不得不交出权力，或者不得不放弃机会，甚至抛下爱情、家庭等。每个人一生当中都会有很多梦想，但不是每个梦想都能实现。你不可能什么都能得到，在生活中你必须懂得放弃。如果面对一段不愉快的婚姻，在经过慎重思考后结束婚姻关系是对双方的一种解脱，那么放弃是一种新生。

女人的成熟
比成功更重要

　　婚姻不光是一种机遇，也是一种选择。正确的选择，成就未来。正确的选择有时候不一定是要得到什么，而是要放弃什么。学会放弃是一种智慧，也是一种勇气，同时是一种更深层面的进取。放弃是一种平衡，是为了建立一种富有弹性的生活机制。过高地估计自己，坚持了不该坚持的，会使人不堪重负，状态越发疲惫；过低地评价自己，放弃了不该放弃的，会使人失去目标，动力越来越小。至于坚持什么，放弃什么，则是知己知彼后冷静客观的选择。

　　如果婚姻实在是无法协调，必须要离婚了，要学会善待自己。婚姻不是生活中的唯一。不幸的婚姻只代表过去生活中的一段不幸，并不代表人生的全部，千万不要因为婚姻的不幸就使自己沉沦，觉得好像抬不起头来。因为婚姻是因为人而存在的，而人不是因为婚姻而存在的。

　　怎样善待自己呢？不要被工作、家务事或一些不愉快的情绪弄得筋疲力尽。抽空去做美容、做按摩，与朋友偷闲去看场电影、下个小饭馆、聊聊天，看看自己喜欢看的电视节目等，让自己暂时放下一些事，让身心恢复到一个平和的状态。

　　西方有一句谚语"第三只眼睛"，意思是如果你牢记过去，你就失去了一只眼睛；如果你忘记了过去，你就失去了第二只眼睛；只有当你展望未来，你才会长出第三只眼睛。展望未来，认识未来比认识过去更重要。不要把不愉快的过去当成包袱，我们毕竟是活在今天，盼望的是明天而不是昨天。

　　脚下不止一条路，头上也不止一片天，路是人走的，所以只要你善待自己，善待爱情，也许你会在另外一片天空中找到真爱，活出新的精彩！

Chapter 7

内外兼修
成就魅力女人

教育是最好的投资，培训是最好的福利，知识是最好的礼物。

生命真正的衰退，不在于生出了白发和皱纹，

而是停止了学习与进取。

每个女人都可以魅力四射

我们无法增加自己的高度，但能够增添自己的深度和广度；我们改变不了自己的五官，但可以改善脸上的表情。

冰心曾说过："如果这个世界上少了女人，就少了50%的真，60%的善和70%的美。"正因为有了女人的存在，世界才显得格外美好与多彩。也有人用"有灵魂的艺术品"来形容女人，艺术品贵在形象的精美独特，所以，足可见形象对于女人的重要性。

形象，体现一个人的修养与品位，显露人的内在情操。它类似于你的"教养宣传"——你拥有怎样的生活态度、精神内涵，它都能帮你诠释。而通过解读你的形象，周围的人才可以认识你、了解你，继而成为你的客户、朋友或伴侣等。

形象有时候能够决定一个人的命运，因为属于每个人的机会都是有限的，你没有注重形象，使能够决定你命运的人对你产生误会，这是非常遗憾的事。因此，女人一定要认识到形象的重要性，赢就赢在起跑线上。

一个女人的外在形象，不单是指她的外貌、形体，还有服饰、装扮、谈吐、举止等。我们无法增加自己的高度，但能够增添自己的深度和广度；我们改变不了自己的五官，但可以改善脸上的表情。美丽是女人特殊的通行证，美丽的女人比较容易吸引别人的注意力，也容易赢得别人的好感，但这并不是绝对的。无论多么美丽的女人，当她脸上充满嫌恶与蔑视的表情时，也没有人愿意与她接近；无论多么平凡的女人，当她脸上带有自信与友善的笑容时，也会有人乐于与她交往。

> 　　年轻时，男人选女人是生理性的，比较注重女人的容貌和身
> 材，而女人选男人是心理性的，比较注重男人的内在与感觉。所
> 以，女人拥有美丽的外表有助于建立良好的第一印象，但维系长久
> 的人际关系则依赖于稳定、宽容、友善等积极的人格特质，外貌的
> 作用会随着时间的推移逐渐减弱。

　　一个真正受欢迎的人，往往具有良好的性格，每当人们想起她的形
象，就会想起她悦耳的声音、友善的表情、得体的衣着、大方的谈吐
等，还会有多少人想起她是否高挑性感呢？相反，如果这个人不怎么受
欢迎，她的高挑性感反而会为她减分，人们可能会用"徒有其表"作为
对她的评价。

　　接受自己本来的相貌、身高，正视自己的优缺点，是塑造自己良好
外在形象的第一步。只有了解自己的外在特质，才能适当地进行修饰，扬
长避短。之后要做的，是根据不同环境场合的要求，根据自己的年龄、身
份，进行恰当的装扮。完全朴素示人不失为一种风格，但在现代社会，外
在装扮与职业属性的联系十分密切。为了更好地开展工作，融入社会，选
择有一定品位的着装，进行恰当的化妆是非常必要的。

得体的穿着是最好的名片

　　穿着是你还没开口时就已经发出的第一张名片。在生活中常见这种

女人的成熟
比成功更重要

情景：熟人见面，开场白总是和穿着有关，比如"你今天穿得好漂亮"或"你这身衣服搭配得不错"。所以，女人在穿着方面一定要得体，千万不要让人有"视觉暴力"的感觉。

几年前，我应邀参加一个女性论坛，论坛规模有四五百人，赞助人是一位企业家，而主持开幕式的就是他的妻子。我想她是非常重视这件事的，因为看得出她的头发经过特意修饰，发型十分漂亮，上衣也大气时尚。遗憾的是，她搭配了一条牛仔裤。中午吃饭的时候，我忍不住对她说："你今天发言非常好，但如果你穿一套职业装主持，效果会更好。"她这才惊觉自己着装有些不妥，并感到很懊悔。

　　一般来讲，会议是非常正式的场合，尤其是规模较大的会议，作为主持人，理应穿一套正式的服装，以示对与会者的尊重。牛仔裤是休闲装，穿着上班、逛街都没问题，但难登大雅之堂。

我的一些外国朋友来中国旅游时，看见大街上很多女孩穿着"三截腿"的衣服，大惑不解，问我她们为什么这样穿。所谓"三截腿"，就是穿着短裙，脚上穿着短丝袜及鞋子，这样腿就变成三种不同的颜色。这种穿法在西方人看来是很奇怪的。女士如果穿短裙，最好穿长丝袜，如果天气太热，也可以不穿丝袜，但最好不要穿成"三截腿"，这不符合穿衣美学。

穿衣的原则，第一是要扬长避短，也就是根据自己的身材特点来选择衣服。体型矮胖的人，最好不要穿横条纹的衣服，偏瘦的人，最好不要穿竖条纹的。因为这在视觉效果上会凸显体型的特点，使缺点更加突出。上、下装的搭配一定要和谐，有整体感，无论衣服的质地、款式还是色调的搭配，都应尽量协调。

第二是根据不同的场合及自己的年龄、身份着装。休闲逛街，就不必穿得像赴喜宴似的；已经有些年纪了，就不要穿得像少女似的；去国家级剧院等场所观看表演，一定要穿正式的服装，因为这是基本的社交礼仪。

第三是着装要有个人特色，衣服穿出个人品位、个人风格才是上品。记住，是人穿衣而不是衣穿人，不能只顾追赶时尚，根本不考虑衣服的风格是否符合自己的气质，把自己当成没特点的衣服架子。

改革开放后，中国的国际化程度快速提升，遗憾的是，国人基本素质的提升速度却未能赶上整体经济水平的增长速度。其实，检验人的素质高低很简单，只要观察一下他（她）的谈吐、举止、待人接物等，就可以得到答案。

有一次我在北京坐公交车，身边坐着一位漂亮的女郎，不仅穿着时尚，妆容也赏心悦目，令人忍不住想多看两眼。这时她的手机响了，一通电话把她的素质水准全泄了底。她说话的口气毫无优雅可言，肆无忌惮的大嗓门更是让人不舒服，似乎生怕全车人听不到她的通话内容。

很多人习惯在公共场合大声讲话、打电话，一副旁若无人的姿态，根本没有考虑到周围的人，这是很不礼貌的行为。在公共场合进行私人间的谈话应尽量压低音量，接听手机更要注意这一点。在剧院等地方观看文艺表演时，应保持肃静，不可交谈、吃东西，这是对演出者的尊重，更能显现大国国民的礼仪风范。

　　此外，用餐礼仪也十分重要，我想许多人都能列举出一二，但实际生活中有些却很难做到。比如在一些人声鼎沸的中餐馆吃饭时，如果想和一起用餐的人进行沟通，不大声讲话对方几乎听不到，大多数人都不喜欢这样嘈杂的用餐环境，但由于一部分人积习难改，大家只好共同忍受。酒酣耳热之际，一些人边剔牙边和他人聊天，丝毫没意识到这行为多么不雅。带着幼童用餐的家长，一看到孩子不听话或追跑打闹，立即当众高声训诫孩子。其实，在别人面前惩罚孩子是不妥当的，既强化了孩子没教养的印象，也显得自己教养不足。

　　谈吐是否文雅，与一个人内在修养的程度直接相关。光用衣饰美化自己是远远不够的，女性应注重自己内在修养的提升，并时时注意自己的言行举止。让自己在一举手一投足之间，尽显优雅的内蕴气质。

　　当然，光修炼谈吐是不够的，日常生活中，仪态上的修炼也不可少。

　　美国一家媒体曾报道过这样一则新闻：一个中国旅行团到华尔街观光，为了拍照留念，几个中国游客居然爬到华尔街的标志——"金牛"身上。这一举动看傻了美国人，因为这是当地人根本不可能做出的举动。

　　然而在中国，这却是比较普遍的现象。在风光优美的景区，在历史悠久的古迹，处处可见游客的"违规行为"：越过警戒线照相、踩进花丛中摘花，或爬到雕塑铜像上，或到处题字留念……这些都是很没水准的表现。特别是到了国外再这样子，实在有失泱泱大国的颜面。

　　在日常生活中，人们也应该注重自己的举止。我常常注意到很多人坐着时喜欢抖腿晃脚，这是很不雅的行为。俗话说："男抖穷，女抖贱。"古人认为，有这种习惯的女人通常比较下贱，即使在今天，这种举动也被社交礼仪所不允许。如果你无意中形成了这种习惯，一定要注意改掉它。有些女子并不知道自己的坐相什么样，或是驼着背，或是两腿没并拢，也就是我们常说的"坐没坐相，站没站相"。姿态不雅而自己不自觉，也是欠缺内省的表现。

通过适当的比较，可以促使我们反省自己的不足。我一位朋友当选了劳模，单位组织他们去日本玩了五天，以示奖励。没想到从日本回来后，她像是变了一个人。原来，日本人的守法、干净和礼貌深深触动了她。通过对比，她这才发觉自己在过去某些习以为常的行为竟然那样粗俗、不卫生，所以她下决心改变。而她的改变不仅仅是自己，更给家人，特别是孩子树立了很好的榜样。

亲和力是吸引他人的磁石

亲和力是人与人相处时所表现出来的亲近行为的能力。亲和力强的人，态度诚恳，平易近人，令人一见如故。亲和力似一块磁铁，吸引着周围的人。这是一种很好的人格特质。

在日常生活中，有一些有点身份地位的人，常不自觉地摆出一副架子，让人不敢亲近。职位再高一点的，更是盛气凌人，一副神圣不可侵犯的模样，令人望而生畏，也望之生厌。这样一点亲和力都没有的人，怎么可能赢得人心，让人愿意为他效力呢？

案 例

我的一位女友相貌平凡，身材也一般，是那种在人群中毫不起眼的角色。一次，她因为腿受伤请假。这在单位本来是件小事，没想到大家都很关心她。才半天时间，大家纷纷凑钱去买水果，还派了两位代表探望她，这让她觉得受宠若惊。其实，大家都知道这是为什么。这女孩"人缘好""非常有亲和力""处处为人着想"，任何时候看到她，她都是笑脸迎人，对人的态度永远随和可亲，别人拜托她任何事，她都认真代劳。所以，公司上下都很喜欢她，就连中午休息时间，她的座位旁边都始终有人围着。

一个有着亲和力的女性，必然像和煦的春光，在为他人带来温暖的同时，也为自己的人际关系架起了桥梁。

学会从容地表达

案例

希拉里担任国务卿后，参议院遗缺，按照美国法律此位置可由纽约州的现任州长指派。而当年美国前总统肯尼迪51岁的女儿卡罗琳呼声一度很高。

奥巴马在竞选总统的时候，卡罗琳鼎力支持，使奥巴马的人气大升。她说从奥巴马身上看到她父亲当年的影子：奥巴马没有当州长的经验，常被人质疑他未来担当国家领导人的能力，她父亲当年也是没有这样的经验；两人都是哈佛大学毕业的，竞选时都是46岁；两人有类似的背景和经历。投之以桃，报之以李，所以奥巴马非常希望她能够继任这一职位。但是结果却没有。为什么呢？因为她的表达能力较差。

有一次一位记者访问卡罗琳，在40分钟的访问中，她说"you know，you know"（你知道，你知道）这个口头禅高达两百多次。所有看了她访问报道的人都感觉她的表达能力太差，词不达意，对议题不熟。媒体曝光之后，她的支持率越来越低，她自己也有自知之明，后来主动退出。

拥有个人魅力的人，在任何时候请他做一个即席讲话或演讲，他能够不说套话、假话、虚话和废话，而能够精辟、新颖地表达其观点，令人终身难忘。

微笑是一种含义深广的身体语言，是上帝赐给人类独有的专利，是一种令人愉悦的表情。一个微笑着的人，还没开口，他（她）已经在告诉你："你好，朋友！我喜欢你，我愿意见到你，和你在一起令我感到愉快。"微笑可以鼓舞对方，融化彼此的陌生和隔阂。当然这种微笑必须是真诚的，发自内心的。

有亲和力的人最懂得微笑，对别人微笑也对自己微笑。微笑可以说是一个人对别人最好的见面礼。常微笑的人，你能感受到他（她）的自信、友好，这种态度也会感染你，使你和对方很快拉近距离。

有位外国朋友来中国旅游，闲聊时我问他："你认为中国最需要改进、改起来最快的是什么？"他毫不迟疑地回答："是微笑！餐厅和商店服务员的微笑！"想一想，他说得确实有道理。我们有些服务员工作时常常面无表情，不仅一丝笑容没有，有时甚至还耷拉着一张脸，好像客人是来占便宜的。这种服务态度差强人意，而对比其他任何一个发达国家，似乎很少见到这种现象。

国人对此似乎已经习以为常，久而久之，认为服务员大概就是这个样子，偶尔遇到一个态度亲切的，还有受宠若惊之感，这不能不令人感到遗憾！

英国谚语说："一副微笑的面孔，就是一封介绍信。"微笑将为你打开友谊之门，如果我们想要发展良好的人际关系，就非要学会微笑不可。一个不善于微笑、缺乏热情、没有激情、淡于才情，又不懂得人情的人，是很难获得成功的。

爱自己，就要努力充实自己

20世纪90年代，美国流传着一个很经典的故事。一次希拉里和克林顿经过一个加油站。加油站的老板以前曾经追求过希拉里，因此克林顿揶揄希拉里说："你幸亏嫁给了我，现在变成美国第一夫人；如果当初嫁给了他，你现在不过是一个加油站的老板娘而已。"希拉里反驳道："我看不是这样吧，我嫁给了你，所以你成为美国总统；我如果嫁给了他，说不定今天的美国总统就是他呢！"

从这段对话可以看出，希拉里是一个非常自信的女人。2000年的时候，克林顿到中国访问，中央电视台记者采访了他，请他谈谈他眼中的希拉里。克林顿说："每次我看她的时候，都能感觉到她从内而外散发出一种力量，一种坚定和自信。她的眼神告诉你，一切均在她的掌控之中。"

自信绝不是自负，更不是自我膨胀。自信与自负如何区别呢？首先，看人的感觉是不同的，自信的人看人是平视的，自负的人是俯视的。其次，谈吐也不同，自信的人说话，带着一种游刃有余的从容，讲话较为平缓，不会以势压人。而自负的人语调多高亢，语气要么冷漠，要么带着居高临下的感觉，态度非常强势、傲慢。比如一些官员常以高人一等的姿态出现。他们对人不冷不热，说话时不拿正眼瞧人，语气冷得能冻死人，一下子就拒人千里之外了，这是典型的自负。

作为女人，一生中要扮演很多角色。而无论扮演哪个角色，没有自信心都无法成功。自信心是正确认识自己、认识他人的前提。山因蕴玉而辉，水因环珠而媚，女性因自信而美。自信可以为女人的魅力加分，尤其是人到中年后，青春不再，如果没有自信与落落大方的气度，无论曾经多美丽，也会因岁月流逝失去光彩。我们天生的容貌自己是决定不了的，但后天的容貌却可以掌控。你的知识，你的涵养，你的性格，完全可以从你的面貌上体现出来。

心理学家弗洛伊德曾说过一句话："我在我不思之处。"这句话听起来很拗口，它的意思是：人生有90%的力量，都来自于自我暗示和潜意识。而这种内在力量实际上就是自信。你能够克服的困难的大小，取决于你信心的多少；你能够征服的事物的多少，取决于你信心的强弱。总的说来，自信满满的女人总是比缺乏自信的女人更容易成功，无论对于学业、事业还是两性关系，这是一条不变的法则。

一头小狮子和它的妈妈生活在草原上。有一天，小狮子问妈妈："我最美丽的地方在哪里？"妈妈说："就在你的尾巴上呀!"小狮子就开始追自己的尾巴，可怎么也追不上。妈妈笑着说："傻瓜，美丽不是这样去追求的，只要你昂首向前走，它就会一直跟随着你。"

是的，只要你充满信心、积极而热情地投入生活，即使你没有花心思在塑造形象上，出众的气质也会一直跟随着你。

案　例

我大学一位女同学就是这样，她相貌普通，个头也不高，但她一直对自己十分有信心。她爱自己的方式，就是努力充实自己，让自己受到最好的教育，完全不把重点放在塑造形象上。她在美国常春藤大学读到博士学位，学识渊博，融汇古今。她丈夫也是博士，夫妻感情相当好。我从未见过她失去信心的时候，无论何时看到她，她总是一副挺胸抬头的姿态，脸上也总挂着自信的笑容。那种从内心流露出来的夺人气质，使人不由自主地被感染，从而完全忽略她形象上的平凡。

有些人之所以无法建立起自信的形象，是因为她们太敏感，很容易受外界影响，总是产生关于自我的负面信息。比方说，这类人会在心里不自觉地和周围人比较，从而找出自身的弱点，如没有别人漂亮、个子没有别人高、能力没有别人强等，把自己看得处处不如人，还未竞争就先在心理上输了，从而变得不接纳自己。一旦自己都无法接纳自己，又如何给自己打气，进入这个竞争激烈的社会呢？要知道，有信心都不一定会赢，没有信心又如何能赢呢？

心理学家认为，在人的潜意识里，每个人都有一种倾向，即希望自己成为和心目中偶像一样的人，英文叫作role model（学习偶像）。学习偶像是自己关于未来发展的蓝图，它会影响你的态度和行为，体现在学习、择业、交友以及生活伴侣选择等各个方面。因此，如果你希望自己受欢迎，不妨在心中勾画一个拥有自信、健康、愉快形象的偶像，作为学习的典范，引导自己前进。按照这个形象的要求行事，久而久之，你终将变成你所希望成为的那种人。

一个人失去自信，多半是因为事业或感情出了问题。而女性的自信心崩溃，通常都是由于感情上遇到了挫折，美女也不例外。女人感情受挫时，最容易否定自己。这时家人和朋友要及时对她进行疏导，帮其找回自信。避免她从此一蹶不振，看轻自己，丧失对未来美好生活的追求。

　　我曾经听过这样一个故事。一个女人在婚姻与事业上都遭受了巨大打击，她心灰意冷，不知该何去何从。一天，她和朋友坐在咖啡馆里，面容憔悴的她万念俱灰，似乎丧失了生活斗志。这时候，朋友拿出一张崭新的百元大钞，揉成一团扔在地上。她喊道："你这是在干什么？"一边说，一边弯下腰准备捡起来。但朋友还不解气，伸出脚狠狠地在揉皱了的钞票上踩了几下。

　　她大惑不解："你到底在干什么，这可是一百块钱呀！""是吗？这还是一百块钱吗？""当然，只要你不毁了它。""这你就说对了，只要你不毁灭了自己，你就仍然有你的价值。"朋友的话如醍醐灌顶，使这个女人顿悟。自己的价值不是由婚姻决定的，事业失败也可以东山再起。只要自己还活着，还不放弃，一切都还来得及。

　　生活因热爱而丰富多彩，生命因信心而瑰丽灿烂，价值因发现而使希望重燃。人生的宽度远比你想象的大得多，女人的生命岂能只为男人而活？要知道，无论心情好与坏，太阳每一天都是新的，只有过好每一天，才对得起你的生命，才是对家人、朋友最好的回报。记住，上帝对你关上一扇门，也将会为你开启另一扇门。

失去自信的时候，不妨读一读普希金的这首诗——《假如生活欺骗了你》：假如生活欺骗了你，不要悲伤，不要心急！忧郁的日子需要镇静。相信吧，快乐的日子将会来临……

做个"乐活"的女人

"乐活"阐述的是一种生活方式及价值观，代表消费者在进行消费时，会顾虑到身边的人和环境安全，是一种崇尚自然与健康的生活方式。

"乐活"由LOHAS翻译而来。LOHAS是lifestyles of health and sustainability的缩写，意为以健康及自给自足的生活方式。其中，H（health）指健康的饮食、生活、身心灵的探索与个人成长；S（sustainability）指生态永续的精神，如使用可再生能源、有机的或可回收的产品等。

"乐活"一词最早产生于1998年。美国社会学家保罗·瑞恩以全美15万人为调查对象，历时15年，对他们进行了持续的"价值观"调查。在调查中，保罗发现，除了虔诚信奉宗教的传统派和崇尚民主与科技的现代派外，还有一种新兴市民存在。他们有着相似的价值观和生活理念，为实现理想社会而勇于采取行动、推动社会变革，他们形成了一股新的市民文化。保罗根据这一调查结果，创作了《文化创意者：5000万人如何改变世界》一书。在该书中，保罗首次定义了"乐活族"这一概念，即"一群人在做消费决策时，会考虑到自己与家人的健康和环境责任"。

"乐活族"对生活有着自己的主张：

◇ 奉行自然、简单的生活态度，重视与追求内在成长与提升，尤其注重精神层面的提升与教育。

◇ 不认同过度盲目的追求、一味扩大的竞争、大量生产垃圾商品为前提的消费文化。不喜欢过度拥有奢侈品、过于功利的现代文化。

◇ 在不破坏环境、爱护大自然的前提下，推广有助于防止气候变化的环保、健康产品或服务。

◇ 鼓励正面、乐观与积极的思考，希望创造"较好"而不是"较新"的生活。

总的来说，"乐活"阐述的是一种生活方式及价值观，代表消费者在进行消费时，会虑及身边的人和环境安全，是一种崇尚自然与健康的生活方式。它不只是爱地球，也不只是爱自己和家人的健康，而是两者都爱的生活方式。目前美国有1/4的人是乐活族，在欧洲约有1/3，加入这一行列的人越来越多，他们正在以自己的行为改变这个世界的面貌与想法。"乐活"的观念在亚洲正逐渐被更多的人接受，中国已经有不少人接触这一理念，并引起支持和反响。

乐活主义崇尚自然、健康的饮食观念。受先天地理条件的影响，传统饮食文化的熏陶，国内有很多人的饮食习惯并不健康，烹调过于油腻，过分调味，口味偏重。这种饮食习惯容易给身体造成负担，造成身体上的"三高"：血压高、血糖高、血脂高。

厨房油烟是导致妇女罹患肺癌的重要原因之一。因此，女性在烹饪时，应尽量使用天然食材，选择少油、少烟的烹调方式，例如，采用氽烫或蒸煮的方法，既可以保留食物的营养，也不会在烹调过程中对人体产生伤害。可喜的是，现在许多厨房家电产品都导入"乐活"观念，为家庭主妇带来了福音。

一般来讲，母亲都是家中的厨师，是全家健康的把关者。因此，使母亲拥有健康的饮食观念非常必要，如果母亲坚持"乐活"的饮食方式，全家人都会因此受益。饮食习惯的养成非一朝一夕，想改变也有一定困难。但为了全家人的健康，这种改变是值得的。

具体说来，"乐活"的饮食应注意"五少、三多"。"五少"：少油、少盐、少糖、少酱料、少卤汁。"三多"：多高纤维（蔬菜、水果）、多谷类（米、杂粮）、多蛋白质（鱼类、豆类、奶类）。每日三份蔬菜（最好是两种深色，一种浅色），两份水果。蔬菜、水果要换着花样吃，不要爱吃的天天吃，不爱吃的从来不上桌。均衡的饮食习惯是一切健康的保证。青菜能生吃的就不要煮（指的是有机青菜），能煮的就不要炒，非炒不可的就少油炒。肉类能少吃就少吃，多吃"白肉"（鸡肉），少吃"红肉"（猪肉、牛肉）。总之，越原味越好，越清淡越好。记住一个原则：通常好吃的一般都不健康，健康的一般都不好吃。

随着坚持"乐活"生活理念的人群扩大，近年来"乐活"市场也应运而生。更多的人置业时选择绿色建筑，利用可再生能源，有机食品和健康食品开始走俏，二手用品找到了"用武之地"，环保家具受到了欢迎，生态旅游成为旅游新风尚。

为了在个人生活中减少二氧化碳的排放，很多"乐活人"成了"低碳"行者，即能走路、能骑自行车，就绝对不乘车，能乘坐公共交通，就不开车，能采用火车出行，就不搭乘飞机。一些人不理解他们的做法，认为个人力量对于保护地球的作用是微乎其微的。但试想，如果这个世界上每个人都是"乐活人"，我们的环境将得到极大的改善！这一天何时可以实现，取决于有多人身体力行，每多一个人加入"乐活"行列，这一天就离我们更近一些！

"乐活"不是与生俱来的本能，它是人们在生活和成长过程中，逐渐形成的态度与观念。"乐活族"深刻地了解自我、他人、社会以及环境之间的关系，他们拥有成熟的心智，将平衡、协调、健康、永续等原则贯彻到了生活细节，久而久之，成为一种生活方式和价值观。社会在不断进步，人们的观念也在不断更新，我相信，一定会有越来越多的国人理解"乐活"，成为"乐活族"，将对自我及家人的关心，逐步扩展到对全社会、对大自然的关爱！

快乐的法则

我们在这一章里提出关于女性修养，我林林总总说了这么多，其实要成为一个快乐的、内涵丰富的、有修养的、成熟的女人，总结起来很简单。

首先，你的生活要有"一个中心，两个基本点，三个忘记，四个拥有"。

"一个中心"：以健康为中心。健康就像是数字"1"，财富就是跟在后面的"0"。当健康存在的时候，后面所有的"0"都具有意义，但是如果这个"1"倒下来，后面再多的"0"都没有意义了。

"两个基本点"：潇洒一点，糊涂一点。

"三个忘记"：忘记怨恨，忘记年龄，忘记过去的成败。

"四个拥有"：拥有一个家，拥有一个伴侣，拥有一些钱和拥有知心好友。

其次，人生路上注重五个"三"：

人生三学：学而无厌，学无止境，学以致用。

人生三善：善待他人，善解人意，善始善终。

人生三乐：助人为乐，知足常乐，自得其乐。

人生三处：发现长处，理解难处，不忘好处。

人生三福：平安是福，健康是福，吃亏是福。

下面我们来总结一下：

你如果是女人，一定要善待自己。只要是条件许可，适当地追求美丽。穿着要时尚得体，化妆要自然细腻。身材改起来不易，让品位给你争气。

你如果是个女人，一定要摆正自己。老公是一家之主，别破这千年规矩。男人属虚荣之类，别当众撕他脸皮。敬他别人赞美你，贬他祸从萧墙起。

你如果是个女人，一定要说服自己。把家建成安乐窝，让男人愿意回去。

你如果是个女人，一定要培养自己。善良宽容识大体，男人才会更爱你。

你如果是个女人，一定要充实自己。学点技艺压箱底，容颜渐去拼魅力。

你如果是个女人，一定要提醒自己。以上诸条常复习，你就一生都如意！

希望以上这些心得能够帮助女性朋友修炼成为一个快乐、幸福、有修养的成熟女性!

装满你的人生之瓶

著名经济学家凯恩斯曾经说过一句话:"一个美好的思想能够改变人生的轨迹!"美好的思想从哪里来呢?从自己或别人过去成功的经验和失败的教训当中来。人生好比一根链条,由无数个环节连接而成,其中一个环节改变,则整个人生可能变换了方向。

因此,每个人都要用心排列人生的顺序,认真完成当下你应该做的事。该读书时用心读书,该工作时就认真工作,该结婚了谨慎结婚,该生孩子就生孩子。这些都是人生的大事,你必须一个一个按着顺序走,就像坐火车一样,一站一站地往前行驶。错过了站,绝不可能再回头。

如果读书时没有用功,再回头时,已经是"老大徒伤悲"了。该工作时没有努力,整天浑浑噩噩混日子,想要做出成绩时,已经时不我与了。该结婚时没有结婚,晚年很可能就要孤独终老了……

案 例

一位老教授在给学生上课。他在桌上放了一个大玻璃瓶,瓶里装着几块大石头。老教授环顾教室,问:"你们告诉我,这个玻璃瓶满了吗?"有人说满了,有人说没满。老教授没说话,从包里取出一些小石头放进玻璃瓶。然后又问学生:"现在这个玻璃瓶满了吗?"依然还是有人点头,有人摇头。最后,老教授从包中抓出一把沙子,不断往玻璃瓶里灌,灌得满满的。老教授最后一次问:"现在满了吗?"这回所有学生都一致说满了,但他们并不明白老教授做这个演示是何用意。

老教授说："这个瓶子好像你们的一生。大石头是你们人生要追求的大目标，小石头就是小目标。你要先放大石头，再放小石头，最后再添进沙子。如果放入的秩序反了，结果会是最重要的事情还没做，只做了些小事情，人生就过完了。到最后追悔莫及。"

人生的"大石头"定了之后，还需要一些"小石头"作为补充。这些"小石头"是什么呢？这就是养成阅读的好习惯、培养高尚情操及多种爱好、结交良师益友、旅游、参加公益事业等。这也正是我这本书所讲的主要内容，即如何提升自己，使人生更加成熟。所以，这本书实际上是我送给读者朋友，尤其是女性朋友的一些"小石头"。人生的奇妙之处就在于，我们拥有非常大的潜能，你永远会发现总有很多空间让我们能装进更多的小石头，如果你愿意学习。

人生的玻璃瓶中，如果只装沙子毫不出色，加上小石子也并不很亮眼，唯有装满大石子、小石子和沙子的瓶子，才会显得丰富饱满，异常好看。想一想，你的人生玻璃瓶已经装进了什么，还差什么？

保持青春的秘诀

案 例

一个学生问他的老师："您可否把智慧传授给我？"老师没有立即回答，却顺手拿起旁边一个苹果咬了一口，咀嚼了一阵，然后吐在手中，把手伸到学生面前说："吃下去。"学生面有难色："这怎么能吃呢？"老师回答："我吐出来的东西你不能吃，那我的智慧你又如何能摄取呢？"

我们不能从别人那里摄取智慧，即使看书得来了知识，谈话得来了经验，它们也不能成为你的智慧。只有等它们真正影响了你的行为，变成了你内在的力量，才能转化为智慧。大部分的人生智慧，都必须依靠你在生活中不断积累、领会与提炼。生命不能取代，健康不能取代，知识的获取也同样不能取代。任何财产都可能被盗取，唯独智慧，是任谁也盗走不了的。生命中有许多东西可以通过外力获得，唯独知识、智慧、才干，是靠自己一点一滴、日积月累形成的。

教育是最好的投资，培训是最好的福利，知识是最好的礼物。通过教育和培训提升女性的素质是非常重要的。人生真正的衰退，不在于白发和皱纹，而是停止了学习与进取。人生最大的悲哀，莫过于机体尚且年轻，心灵就已经衰老，头脑就已经僵化。让我们都来记住这条人生的方程式吧："加"倍努力，"减"少怨天尤人，"乘"机不断进步，"除"去不良习惯。这"加"与"乘"，即指人生要不断学习。

香港首富李嘉诚说："我不是求学问，而是抢学问。"要在这信息时代求得生存，就是要学习再学习，才能赶上眼下这个不断更新的社会。一个学习型的民族，是一个不老的民族，是一个不会被淘汰的民族。爱学习的中国人才能够将龙的血脉相传！

学习，是智能的累积，智慧，是开启生命乐章的钥匙。有很多朋友常问我："你保持青春的秘诀是什么？"我的答案就是："不断地学习。"学习不仅限于知识，生活中有很多值得我们学习的东西。它会让人觉得生活充满了朝气，心态也非常年轻。等我退休后，我决定去学太极拳，学书法，学拉丁舞……想到人生有这么多精彩，可生命却如此有限，恨不能长出三头六臂，马上把想学的都学到手。生命若充满学习的热忱，生活会更加充实与美好。

女人的成熟
比成功更重要

学习中的人最快乐，他们忘记了时间，沉浸在认识新事物、新知识的兴奋之中；学习着的人永远不老，他们没有时间去想烦恼！通过学习，我们可以结识比自己更优秀的朋友，进而"见贤思齐，见不贤而自省"。借由互相砥砺，互相切磋，获得更好的学习效果和互动体验。

案 例

民国初年的学者及书法家于右任先生，小时候没读过什么书，只有小学文化程度。但他靠着自己一生不断研习学问，成为国人非常尊敬的大学者。对于真正热爱学习的人来说，学习没有时间和场地的限制。打开书本就是知识，周边世界全是学识。台湾地区"经营之神"王永庆，甚至连小学都没有毕业，却依靠不断学习，成为台湾地区最著名的企业家。无论是企业经营，还是工商管理方面，连博士都要向他请教。

学习的渠道何其之多！我们既可以从正常的学校、培训机构等学到知识，从正面的典型、他人的经验得到启示，又可以将负面的例子、他人的教训引以为戒。

几年前，台湾地区有一则社会新闻引起广泛关注。一位知名大医院的女医生，同时还是位知名教授，学识丰富、医术高明，在职场上很受尊敬。就是这样一个人，却被一通简单的电话骗走了一生的积蓄！

这个骗子冒充检察官打电话给她，谎称她涉及一起案件，财产可能会全部被查封。她听了异常紧张，忙问"检察官"："那我该怎么办？"

对方告诉她："只有一个办法！你把所有的钱转到我们法院来，我们先暂时替你保管，等官司结束之后，你再拿回去！"她心里又急又怕，也来不及和她丈夫讲，就乖乖地依照骗子的指示，持续转账付款。等到她觉得"好像被骗"时，她已经汇出去六百多万元了。这几乎是她一生的积蓄，就这样一下子全没了。我们说，读万卷书不如行万里路，行万里路不如阅人无数。后来各大媒体评论这件事的时候，都不约而同地得到相近的结论："防止诈骗，靠的不是知识，而是常识，还有阅历！"

除了充实自己，学习的首要目的，就是提升自身的竞争力。从小学、初中到硕士、博士，拥有不同学历的人，会进入不同的就业市场。而从事不同层次的工作，也就决定了不同高度的人生。学历越低，就业时选择的余地越小，空间也越小，学历越高，选择的余地越大，空间也越大。

站在同一条起跑线上的人，如果想超越同侪，唯一的途径就是不断学习。学习知识、培养技能、增加经验、强化能力，通过不断超越自我，实现对他人的超越。

在清华大学、北京大学等高校组织的企业家研修班上，我经常对来听课的企业家说："到这里来学习，是你们提升自身竞争力的办法之一。研修班像加油站，通过在这里加油、充电，你们的能量储备更高，再一次出发会更精彩；研修班又像望远镜，这么短的时间内，你们汲取多位老师的精华，可以使自己站得更高，看得更远。"

我有一位朋友，大学毕业即进入一家公司上班。许多年过去了，他的职位依然平平，不升也不降。前途一眼就看到了底。后来他决心辞职出国念书，在国外奋斗五年后，拿了博士学位回国来。这时候，原来的公司请他做经理他也不去了，因为有更好的工作等着他。看，学习对一个人竞争力的提升多么大，这就是学习的作用！

阅读：扭转劣势的方法

教育是一个人扭转劣势，超越歧视，走向成功的快捷方式。虽说人生而平等，但是不可否认，人一出生，所处的外部环境是千差万别的，教育可以使每个人站在同样的起跑线上，为每个人走向成功提供必要的条件。

案　例

康多莉扎·赖斯是美国历史上首位黑人女国务卿。在2004年赖斯出任国务卿的就职典礼上，当小布什说到"她对自由的价值和力量一直深信不疑，因为她曾经目睹了自由被剥夺，但是又经历了自由的再生"时，赖斯不禁热泪盈眶。的确，她就是靠着自身勤勉，付出比别人多几倍的努力，才扭转了人生的劣势，从黑人地位低下的故乡一路走到华盛顿的白宫。

赖斯出生在美国种族隔离和种族歧视最严重的伯明翰。从小她就被父母灌输这样一条道理："作为黑人孩子，你只有做得比白人孩子优秀两倍，才能平等，优秀三倍，才能超过对方。"父母告诉她，在伯明翰以外有更多的机会，如果她勤奋学习，力争上游，就会得到回报。

赖斯坚信父母的话，无论学什么、做什么，她都用百分之百的努力。好在赖斯成长的环境非常不错，父亲是大学副校长，母亲是小学音乐教师，姑姑是文学博士。她从小就受到了良好的教育，15岁考进大学，学习英国文学和美国政治学。

后来，她去听了一堂国际事务课。那堂课的主讲者是约瑟夫·科贝尔教授，主题是讲列宁的继承者斯大林。赖斯突然发现，"苏联政治居然那么有意思"。

赖斯非常崇拜科贝尔教授，不仅因为他是知名的国际事务专家，知识渊博，还因为他的真知灼见常常令她茅塞顿开。科贝尔还有一个比赖斯大17岁的对苏联问题颇有研究的女儿，她就是前任美国国务卿奥尔布赖特。在科贝尔教授的引导下，赖斯将东欧和苏联作为主要研究领域。19岁时，赖斯获得丹佛大学政治学学士学位，26岁获博士学位，精通四门语言的她随后成为斯坦福大学的助教，专攻苏联的军事事务。

1989年，刚满34岁的赖斯出任老布什总统的国家安全事务特别助理，开始了从政生涯。由于她专长苏联事务，被老布什任命为国家安全委员会苏联事务司司长。在这个职位上，她不仅赢得了同事们的尊重，而且很快成为老布什及其夫人芭芭拉的私人朋友。老布什依靠赖斯讲授苏联军事、政治、历史。在其任内，柏林墙倒塌，苏联解体。老布什认为正是赖斯促成了上述事件。他对某国元首说："我对苏联事务的所有知识，都是她传授给我的。"

在小布什当选美国总统后，赖斯出任美国国家安全顾问，继而接替鲍威尔出任美国国务卿，最终成为美国政坛最耀眼的政治女明星之一。

赖斯的父母当年坚持让女儿接受最好的教育，以改变她作为伯明翰黑人前途渺茫的命运。他们的远见让女儿受益终生，拥有了辉煌的人生。赖斯对此十分感恩，她说："我的父母是教育的福音传道者。"

保持危机意识

我在美国有一位房客，她的人生经验很值得大家分享。原来她住在国内，第二次婚姻嫁给了一个香港人，先生事业很成功，她没什么压力，所以常和朋友打打牌、逛逛街，日子过得非常逍遥。然而好景不长，有一天，她先生回来跟她说，他在外面有情人了，决定跟她离婚。她生气又伤心，完全没有办法接受。

她丈夫说："我知道你一直想去美国，咱们谈一个交换条件好不好？我把你送到美国，但你必须答应离婚，我再给你一笔钱！"因为她在朋友眼里一直是个幸福的、很受丈夫疼爱的妻子，现在一下子被遗弃了，她丢不起这个脸，所以没有任何选择余地，只好同意到美国去。

刚到美国的前几个月，她整天陷在痛苦中不能自拔，再加上人生地不熟，无处倾诉，只能以泪洗面，哭到最后视力都变弱了。痛定思痛后，她慢慢冷静下来，开始面对现实，强迫自己独立。白天在中国餐馆打工，晚上拼命学英语。

在去美国之前，这位女性英语水平不高，只认得26个英文字母，学习起来异常辛苦。但她没有退路，因为只有语言关过了，才能在美国立住脚。她对我说："过去在香港、广州生活时，我觉得自己非常幸福，现在回头看，当时的我就像画眉鸟一样，被关在笼子里，别人每天给你些食物，不自由也无所事事，根本没有幸福可言！我现在每天忙着学英语、学开车，虽然辛苦，但是靠自己一分一角赚来的钱，花起来心安理得，反而特别珍惜。而且我慢慢地实现自己的生存价值了！这年头，靠山山倒，靠人人跑，还是靠自己好！"

女性在婚姻受到挫折以后，发觉没有了最终的依靠，转而竭尽全力在事业上打拼，这就是危机意识下所产生的动力。"许多成功的女人背后，都有一个曾经伤害过她的男人。"这话虽然有失偏颇，但确实是社会上一部分女强人的真实写照。这位朋友在她遇到了困难以后，才想到应该像男人那样去实现自我价值。

所以在顺境时，我们要时时保有危机意识。尤其是在中国这样人口众多的大国，竞争的压力非常大，更要有危机意识。特别是对女性来说，"经济独立，才能人格独立"，人格独立了，才能拥有女性应有的尊严。

我跟很多男性朋友说："不管你的事业做得有多成功，只要你不离开商场，所有的财富不一定都是你的！"我也跟很多女性朋友说："无论你的家庭生活有多幸福，只要你没走到人生的尽头，你也很难保证，在婚姻方面能够永远圆满！"

每一个人都要有危机意识，要居安思危，在任何时刻都不要忘记给自己充电，只有通过学习才能提升竞争力，才能为自己保值。

学习才能永葆青春

案例

我有一位堪称贤妻良母的朋友，她有一儿一女。为了这两个孩子，她几乎付出了全部心血。对孩子的饮食起居，她照顾得无微不至，从早餐到消夜，全部自己亲手来做；对孩子的学习，她悉心辅导，从作业到考试，一点也不敢马虎。这样的母亲似乎是无可挑剔的了。

没想到，自从两个孩子上了高中，进入青春期后，就和她产生了矛盾，甚至摩擦。起初只是言语上的顶撞，到后来态度上也变得不驯。她很不解："我对你们这么好，你们怎么会这样对我呢？""我所说的每一句话都是为你们的前途着想，你们怎么就是不明白？"

她的日子变得越来越灰暗。孩子越是不听话，她越是想要和他们说明白，结果形成恶性循环：她看到孩子就想管教，孩子看到她就想躲。曾经母慈子孝的亲密场面不见了，孩子们对她近乎冷漠。

为此，她苦恼不已，甚至还以为是家里的风水出了问题，请人又改风水又改运。结果当然不奏效，亲子关系依然疏远。

后来我在一个场合遇到她，从她脸上已经看不到昔日的光彩，可见这件事对她内心的煎熬有多大。她征询我的看法，我建议她在工作之余多学习一些课程。或是关于身心灵方面的，或是关于女性成长方面的，或是关于亲子教育方面的，无论哪方面都可以，只要有助于扩充知识的，都应该积极尝试。

她采纳了我的建议，很认真地挑选了一些课程。过了几个月，她打电话给我，声音听起来非常开心。她告诉我，她终于找到了症结，并针对自己的问题做了很多改进，现在孩子们和她又慢慢亲近了，她感到非常欣慰！

她过去总是站在自己的立场考虑问题，她认为对孩子好的，就强迫孩子去做，从没有考虑过孩子的想法。"孩子也有观念，也有看法，他们没照我的意思做，自有他们的道理。我却认为他们不听话，拿大道理去压他们，孩子理解不了，才会慢慢疏远我。这半年来我上了很多课，学习了很多新知识，才知道原来是自己错了。这么多年我一直没变，关心孩子的方法还停留在他们的童年时期。但是社会环境一直在变，孩子也在变，我不改变怎么行呢？"

看，是学习让这位母亲重新获得了孩子的尊重与爱，是知识让她痛苦的心幡然醒悟。如果你也面临同样的难题，你也想走进孩子的内心，想了解他们正在想些什么，那么也像我这位朋友一样，走进教室、拿起书本开始学习吧！

把学习变成一种习惯

学习是要养成习惯的。学任何东西都是一个渐进的过程，因此，一定要有毅力和恒心。现在很多职场人都热衷学英语，但因为事务繁忙，十有八九都半途而废。

在这里我给大家提个建议，一定要给自己立个规矩，并且坚定不移地执行。例如，每天不论多忙，都要抽出20分钟，背几个单词或句子。如果每天都能坚持，一个学习习惯就养成了，学习效果自然会好。一个好习惯的养成，可以用"三七二十一"来表述——头三天特别难，但坚持三天以后，如果放弃它，你会觉得前面三天都白费了，会觉得心疼，因此很可能咬咬牙再坚持。坚持了一个星期以后，往往就有了一定的学习效果，成绩会助长你的信心。等坚持到三七二十一天，一般一个习惯就会养成。而一旦形成习惯，它就成为你生活中的一部分。你再也不会觉得学习是件困难的事了，就如同我们每天刷牙、洗澡是生活中必须要做的事一样。

生命就是一种积累，学习是一生都要做的事。要将学习培养成习惯，每个人都需要付出不懈的努力。"学历"非常重要，"学力"让人钦佩。这里的"学力"，是指学习的动力、学习的毅力和学习的能力。"台上一分钟，台下十年功。"那些技艺炉火纯青的艺术家，那些问鼎奖杯的运动员，不知道洒下了多少汗水，流下了多少滴眼泪，才最终成为人中龙凤。

在国内一般女性较闲散，不一定是懒惰，她们找不到自己人生的方向，生活在迷茫之中，不知道该坚持什么，也就是毅力不够，这无疑是浪费生命，殊为可惜！希望每一位女性朋友都能通过不断的学习超越自我，坚定不移地追寻目标，去寻找生命中的亮点。做任何事情只要专心、专注，就能先变成专业，最后慢慢成为专家。以毅力代之，持之以恒，早晚有一天，自己都会敬佩自己！

现代社会正处于知识爆炸的时代，观念、理论、信息快速更新，令人压力倍增。如果不学习，不及时补充新知识，任何人原有的知识储备都不足以支撑其完成本职工作。也就是说，原来习得的知识不仅不会增值，还会随时间推移而老化贬值，如果任其折旧，人们最终将跟不上社会前进的步伐，招致淘汰。因此，终身学习成了大势所趋，是现代人保值增值的最好途径，而学习的重要方式之一即是阅读。

每周读一本书

古今中外很多名人都曾对阅读给予充分的肯定，在教育还没有普及的年代，很多人都是通过阅读走向成功的。对于普通人来说，阅读有助于我们学习知识、修身养性。

"读好书如向高人请教，读古书似与古人交谈。"喜欢阅读的人，都会有这样的体会。书会成为你跟作者之间的桥梁，使你进入很多人的内心世界，其中不乏伟人、名人、英雄。通过阅读他们的故事，品味他们的人生，你可以丰富自己的人生，升华内在的品格。

宋朝一代大儒理学家朱熹写过一首很有名的诗——《读书有感》："半亩方塘一鉴开，天光云影共徘徊。问渠哪得清如许？为有源头活水来。"表面上，这首诗是描写一派明丽的田园风光，而结合诗的题目就会发现，朱熹是在赞美读书有所领悟后心灵感知的畅快、清澈与活泼！人们的心为何如此澄明？因为总有像活水一样的新知，在源源不断地给他补充！

进入网络时代，信息爆炸成为现代人面对的共同问题。走进书店，书籍浩若烟海，让人眼花缭乱。但是，人的接纳容量是有限的，因此，阅读时必须有所取舍，在数量上有所控制。看书重质不重量，好的书再三回味，滋味无穷。

清代张潮的《幽梦影》阐述了读书的几层境界，说得十分有道理："藏书不难，能看为难；看书不难，能读为难；读书不难，能用为难；能用不难，能记为难。"同时，他又说到年龄、阅历与读书之间的关系："少年读书，如隙中窥月；中年读书，如庭中望月；老年读书，如台上玩月；皆以阅历之浅深，为所得之浅深耳。"寥寥数十字，人生不同阶段的阅读心态尽在其中，值得玩味。

阅读不仅是消遣，助人提高修养，积累知识，更是良师益友，指路明灯，为人提供智慧、力量和改变人生的勇气。别小看那一排排铅字，无数的真理与智慧可能蕴藏在里面，很多人就是从一本书、一篇文章甚

女人的成熟
比成功更重要

至一段话中得到了感悟，获取了智慧，最终通过付诸行动扭转了命运，发掘出自身潜力，谱写出人生的华彩篇章。

案 例

　　黑人女主播奥普拉·温弗里在美国家喻户晓。她是过去十几年来美国最成功的脱口秀节目主持人。之所以取得如此辉煌的成绩，是因为阅读改变了她的人生轨迹，可以说，没有书，就没有今天的奥普拉。

　　奥普拉的童年十分不幸，她生活在一个单亲家庭，家境窘迫，甚至到了流离失所的地步。9岁时她被一个亲戚性侵害，13岁时屡次离家出走，14岁时还生过一个孩子，之后孩子夭折了。母亲拿她没办法，只好将她甩给生父。父亲对这个女儿既疼爱又严厉，一心一意要培养她出人头地。

　　父亲跟奥普拉谈条件："你来跟我一起生活可以，但必须每星期读一本书，每周给我写一篇读书报告，哪怕一页纸都可以。"奥普拉答应了。在与父亲生活的日子里，奥普拉实现了诺言。她每星期都读一本书，然后将感想写进读书报告。三年后，她整个人都改变了；高中毕业后，奥普拉获得奖学金，进入田纳西州立大学学习；19岁时进入纳什维尔电视台，成为该城第一位黑人女主播。

　　1984年，芝加哥一个收视率不高、叫作《芝加哥早晨》的节目导播找到奥普拉，请她担任这个节目的主持人，并对她说："只要你能够打败另外一个电视台的脱口秀，就达到了我们的目标！"奥普拉疑惑地问："你真的对我有这么大的信心吗？"要知道，奥普拉是一个黑人，又是一个女人，而且长得一般，身材也不好。那个导播非常肯定地对她说："我对你有信心！"

　　奥普拉独特的风格打动了观众的心。她主持《芝加哥早晨》一个月后节目就起死回生，成为最受欢迎的节目。后来这个节目每周有2200万美国人收看，节目在世界上105个国家与地区播出，成为电视史上收视率最高的访谈节目之一。奥普拉也成为无可争议的"脱口秀女王"。

　　奥普拉的身价直线上升，短短几年，资产已经达到十几亿美元。为保证节目的水准，她成立了电视制作公司。1996年，她推出了《读书俱乐部》栏目，专门推荐好书给观众，其口号就是"让美国人重新开始读书"。被她推荐过的书，均在一夜间成为畅销书，书的作者也一举成名，用"点石成金"形容一点也不夸张。因此，很多作家都希望自己的作品能够被奥普拉看中。

　　奥普拉·温弗里在美国传媒界所取得的成绩是巨大的。几年前《时代》杂志将她列为"20世纪最具影响的100位人物之一"。甚至对于美国的一些政治人物，奥普拉·温弗里的言论都能产生重要影响。

Chapter 8

智慧女人
的六项修炼

智慧女人并不是碰不到问题，

而是不会被问题难倒。

她们能直面困境，在进退之间做出优雅的抉择。

最有力的武器，是积极的人生观

如果每位女性能拥有积极的人生观，对任何苦难与挫折，都能开朗以待，积极面对，时时像太阳一样，以温煦的阳光照耀着全家，那么这种积极、不轻易放弃的态度，在潜移默化中，也能感染给周边的人。

案 例

台积电董事长张忠谋是台湾地区企业界的重量级人物之一。他曾经写过一篇很有启示意义的短文——《常想一二》。文中他提道："人生不如意事十之八九。因此，活着本身是痛苦的。但扣除八九成的不如意，至少还有一二成是如意的、快乐的、欣慰的。我们如果要过快乐人生，就要常想那一二成的好事，这样就会感到庆幸、懂得珍惜，不致被那八九成的不如意打倒了。"

"常想一二"，是拨开重重乌云觅得一丝黎明的曙光，是透过滚滚红尘寻找一片宁静的港湾，是在濒临窒息之时，来一次深长的呼吸。人生就是一段苦旅，若把几十年的不如意事合起来，我们肯定是举步维艰。但凡事分开来看，则困难就会小很多。有时候生活与情感陷入困境是无可奈何的，但要保持心的平和与乐观，"苦中作乐"。一旦你的心和思想陷于困顿，那才真的是苦上加苦了。

张忠谋这种"不思八九，常想一二"的人生哲学，就是非常积极的正向的人生观。他也给了我们一个很好的观念：决定生命质量的，"不是八九，而是一二"。如果每位女性能拥有这样积极的人生观，对任何苦难与挫折，都能开朗以待，积极面对，时时像太阳一样，以温煦的阳光照耀着全家，那么这种积极、不轻易放弃的态度，在潜移默化中，也能感染给周边的人。

下面让我们来看一个有趣的游戏：如果把A、B、C、D……X、Y、Z这26个英文字母，分别等于1～26这26个数值，那么我们就能得出如下有趣的结论：

什么会让你生活得更开心、更圆满?

- Hard work（努力工作）

  H+A+R+D+W+O+R+K=

  8+1+18+4+23+15+18+11=98

- Knowledge（知识）

  K+N+O+W+L+E+D+G+E=

  11+14+15+23+12+5+4+7+5=96

- Love（爱情）

  L+O+V+E=

  12+15+22+5=54

- Luck（好运）

  L+U+C+K=

  12+21+3+11=47

- Money（金钱）

  M+O+N+E+Y=

  13+15+14+5+25=72

● Leadership（领导力）

L+E+A+D+E+R+S+H+I+P=

12+5+1+4+5+18+19+9+16=89

● Sex（性）

S+E+X=

19+5+24=48

以上这些东西都不是100分。那么，什么能使生活变成百分百的圆满呢？

● Attitude（心态）

A+T+T+I+T+U+D+E=

1+20+20+9+20+21+4+5=100

因此，只有我们摆正心态，对工作、生活持有正确的态度，才能使生活达到百分百的圆满。

有的人总习惯用消极的态度看待生活。消极体现在哪些方面呢？一是用否定的、消极的语言说话；二是从负面的、偏激的角度看待问题；三是被动地、懈怠地解决问题。他们对工作不满，对同事不满，对老板也不满。他们说起家庭来时有埋怨，似乎孩子与配偶都做得不够好。他们认为自己生不逢时，婚姻或人生都是错误的……长期生活在消极情绪里，人会迷失自己，甚至会毁灭自己。

任何人的道路都是自己走出来的。成也好，败也罢，责任都是自己的。如果把责任推给社会、家庭、他人，那么试想，还有那么多背景、资历不如你的人，他们为何能够超越命运的藩篱，走向成功？

在企业界、学术界以及各行各业的颁奖典礼上，我们常会听到一些获奖者发表获奖感言，他们用得最多的词语，就是"感谢"。感谢社会给了他们机会，感谢父母给了他们生命，感谢伴侣给了他们理解，感谢同事给了他们支持。

成功的人往往是心存感激的，只有失败者才惯于推卸责任，总是表达对他人的不满。

如果你心态好，即使道路再曲折，你也能披荆斩棘，努力成就事业；心态不好，即使道路再顺畅，你也能找出借口退缩，使事业前功尽弃。正所谓"心态好，事业成，不成也成；心态坏，事业败，不败也败"。成败在于你自己，不一样的心态，造就不一样的人生！一个人之所以快乐，不是因为他拥有得多，而是计较得少。只有内心充满阳光的人，才能够给自己和别人带来光明。

在人生前进的道路上，没有人是一帆风顺的，谁都遭遇过挫折，谁都面临过失败。受挫后如何重整旗鼓，失败后如何东山再起，需要一种积极的心态。困难就像一道门，将前进的道路阻拦。快乐的钥匙掌握在我们自己手里，而不在他人的口袋里。只有认识到这一点，我们才能在痛苦中思考，在压力下挺住，在失败中寻找新的起点。

温斯顿·丘吉尔两度出任英国首相，被认为是20世纪最重要的政治领袖之一。第二次世界大战期间，丘吉尔带领英国人民抗击德国法西斯，并最终取得了战争胜利。但战后他再次参加首相竞选时，却以落败告终。朋友问他："你在二战中战功显赫，却失去首相宝座，这是否意味着英国人忘恩负义？"丘吉尔平静地回答："只有忘恩负义的民族，才是有出息的民族。"

丘吉尔没有怨天尤人，也没有躺在过去的功劳簿里。几年后他再次参选，终于第二次当选首相。丘吉尔的大格局、大气度，不仅为他自己开拓了辽阔的视野，也让他在中外历史上留名千古。看待人事的格局，决定人生的格局。从丘吉尔身上看到一个人内蕴的气质与能量，更是人格修养的展现！

拥有好心态，传递正能量

要拥有积极的人生观，就必须先培养出积极的心态。那么如何培养积极的心态呢？

首先，自己要主动创造成功的心理条件。按照行为科学分析，当一个人心中产生某种信念，他会把它付诸行动，通过行动，强化并助长所持信念。

比如，你认为自己能够出色完成工作，这是你对工作产生的信念。在实践过程中，这份信心又有利于你完成任务。当任务完成，你对自己能够出色完成任务的信念自然得到加强。你欣赏一个人也是同样的道理：如果你心里喜欢他，你会主动与他沟通、交往，之后你会不断找出这个人的优点，来强化自己欣赏他的信念。

伤心地哭泣只会使你更伤心，这是因为哭的行为可以强化伤心的程度。信念助长了行动，行动又反过来强化了信念。因此，当我们做事时，要善于使用心理暗示的方法，通过坚持信念达到成功的目的。

其次，不要过分沉浸于痛苦的心理经验中，而是要超越旧我，创造新我。

案 例

有一个男孩，他在中学读书时，调皮捣蛋，很不用功。被家长严厉教训之后，准备振作起来好好学习。有一天在学校上英文课，他很努力地听讲，发现有很多地方听不懂，便举手向老师提问。老师听了他的问题说："你的基础太差，我解释给你听，你也不会懂的。"这个男孩听到老师这样鄙视他，自尊心受到了很大创伤。但他没有因此一蹶不振，为了证明自己，他开始发愤图强。结果不仅顺利地考上了大学，毕业后还顺利留学，并在国外取得了博士学位。这个男孩就是我的先生——胡公明博士。他就是未被痛苦的心理经验所击败，并以此为动力走向成功的典型例子。

每个人走过的每一条路，其实都是必经之路。你要记住：你永远无法借别人的翅膀飞上自己的天空。所有过去痛苦的积累，也是你未来成功的因子。

不同的态度造就不同的结果。没有比"谷底"再低的地方，只要不是"蹲"在谷底，任何跳跃动作都是上升的尝试。一次失败的经验，一次错误的教训，反而会成为命运转折的积极因子，使你迸发出潜力，迎来新的转机。

学 会 感 恩

史蒂文原来任职的公司倒闭了。他到一家软件公司应聘工作，虽然笔试顺利通过，面试却失败了，原因是考官问他关于软件业未来的发展方向，他没能回答上来。虽然失败了，但史蒂文感觉收获不小，他提笔给这家公司写了封信："贵公司花费人力、物力为我们提供笔试、面试机会，我虽落聘，但增长了见识，获益匪浅，特向你们付出的劳动表示感谢。"史蒂文没有抱怨和不满，反而心怀感激。这封信被送到总裁办公室存档，不久后该公司职位出现空缺，史蒂文顺利被雇用。多年后，他成为这家公司的副总裁，而这家公司，就是赫赫有名的微软。

在现实生活中很多女性牢骚满腹，她们抱怨丈夫不够体贴，抱怨孩子不听话，埋怨上司不理解，埋怨下级工作不得力……对生活永远是抱怨多过感激。而对目前她所拥有的一切，因为轻易获得，反而觉得稀松平常——拥有那么多，却仍觉得不幸福，是因为她们缺少一颗感恩的心。

案 例

日本有一个人叫丸谷，她是日本阪神大地震的受难者之一，其家园在地震中全部被毁。其实，这场大地震只不过给了她一个提早结束生命的理由。原来，丸谷自己活得很不快乐，快六十岁了，身体不好，工作也不顺心，和丈夫已无感情，子女也长大了，她觉得与其这么辛苦地活着，不如选择放弃。于是，她开始秘密进行一项死亡计划。

计划正在进行时，丸谷接到了政府招募灾区义工的通知。因为阪神地震发生在凌晨两三点，大家都在熟睡，许多老人仓皇从家中逃了出来，根本来不及拿假牙、老花镜。没有老花镜大不了不看，没有假牙却不能吃饭。在这种情况下，政府号召大家义务照顾老人，丸谷也加入义工行列。她的工作就是在米饭煮熟前，将鱼、肉、青菜剁碎，将它们和米饭混起来煮成糊，再喂给老人家吃。

刚开始时，她只是机械地做着剁碎、煮糊、喂食的动作。每一次喂食之后，老人们都会含着眼泪，双手合十向她深深地鞠躬致谢。

她突然醒悟到她不能死，她死了，这些境况比她更可怜的老人家怎么办？于是心念一转，她打消了死亡计划，转而迎向眼前的困境，积极帮助身边的人。转念之后，丸谷每次喂完老人，都会深深地向对方鞠躬致谢。因为她觉得是老人们给了她生存的意义，帮助她找回面对困境的勇气。正是这份勇气，使她不再沮丧，而是对今后的人生道路抱有希望。

"失去灯光之后，才能看到灿烂的星夜。"没有任何一个人的生命是完整美好的，我们应该看淡失去的，珍惜拥有的，在顺境中心存感恩，在逆境中心存感谢。感谢伤害你的人，因为他磨炼了你的心智；感谢欺骗你的人，因为他增长了你的见识；感谢鞭打你的人，因为他消除了你的业障；感谢遗弃你的人，因为他迫使你自立；感谢绊倒你的人，因为他强化了你的能力；感谢斥责你的人，因为他助长了你的定慧……感谢所有使你更加坚定生活的人。

"一个女孩子因为没有鞋子而哭泣，直到她看见了一个没有脚的人。"世间很多事情都是这样，当我们拥有时不知珍惜，失去了才知道它的可贵。生命中总有挫折，那不是尽头。挫折只是在提醒你：该转弯了！放手不代表失败，只是为了找条更美好的道路走！

当人生面临命运的摧残时，要学会能屈能伸，能进能退。弯而不折，曲而不断，退一步海阔天空。唐代有位布袋和尚曾写了一首《插秧诗》："手把青秧插满田，低头便见水中天。六根清净方为道，退步原来是向前。"说的也是这个道理。

相信问题总有解决的办法

我认识一位女性，她的丈夫在有了婚外情后弃她而去。离婚后的她并没有因此消沉，反而平静地接受了这个现实。在没有其他事务及感情的干扰下，她静下心来认真读书，几年后顺利考取博士学位，为自己的学业缔造了高峰。在之后的工作中，她认识了一位志趣相投的离异男性，两人情投意合，开始了一段比过往更幸福的婚姻生活。

美国作家海明威说："人不是为失败而生的，一个人可以被毁灭，但不可以被打败。"失败和错误，常常会成为走向正确人生道路的一块试金石。在人生的道路上，错误、挫折和失败总是免不了的。对待错误和失败的态度是很重要的，人要有正视错误的勇气，更要有战胜失败的决心。

许多人对已发生过的错误或失败，总是一味地埋怨和后悔，这是消极的表现，于事无补。最要紧的是尽快纠正错误或弥补损失，以免造成更大的遗憾。

如果将一个人的成长比喻成一棵树的生长，那么，失败相当于"长根"的过程，成功则相当于"长叶"的过程。没有失败奠定深厚的根基，成功也只是表面，一时的成功不能代表你可以永远成功下去。每一次失败都是通向成功的阶梯。成功是优点的发挥，失败是缺点的积累。

人要从失败与挫折中认识自己，找到真实的自己，改善做事的方法，修正奋斗的目标。失败的是事而不是人。如果做错事，勇于面对就是最好的补救。人在经受挫折与失败后，如能反思和总结，知道如何面对未来，那么失败和挫折就是一笔难得的财富。

困难与逆境是生活的磨刀石，它将勇气的刀刃磨得锋利无比，使你变得更坚强。挫折也是一样，往往造成生命的转折。人生最低潮时，往往就是高潮的开始。挫折像一块石头，它对弱者来说是绊脚石，使其跌倒不起，但是对于强者来说，它是一块垫脚石，使其站得更高，看得更远。

不能改变环境，就去适应环境

案 例

第二次世界大战的时候，有两个犹太人被关进集中营的同一间牢房。每天晚上，狱卒都会把牢房的一个小窗户打开，让他们透透气。每当窗户打开，其中一个犹太人就会兴奋地凑到窗边，仰望天空，看着满天星斗，想着美好的明天。他在心里告诉自己："我一定要活着出去！"而另一个人透过窗户看到的却是满地泥泞，他感觉未来困难重重，对活着出去根本不抱希望。"二战"结束后，集中营里没来得及被纳粹杀害的囚犯都被放了出来，那个心态积极的人终于重新见到了太阳，而那个心态消极的人则病死在了狱中。

为什么同样被关在监狱里，有的人活着，有的人死去呢？当不能够改变环境时，学着适应环境；当不能够改变别人时，学会改变自己。这是在任何时代生存的哲学。

女人的成熟
比成功更重要

当一个女工把沙子放进河蚌内时，河蚌觉得非常不舒服，但是它无力把沙子吐出，所以河蚌面临两种选择：抱怨或者是把这粒沙子同化，与它和平共处。

结果河蚌为了减少摩擦的疼痛，不断释放养分将沙子层层包裹，使其越来越光滑，从而感觉不到沙子的尖锐与粗粝，自己也就越来越心平气和地和沙子相处。时间久了，沙子变成珍珠，变成了河蚌的一部分；河蚌不再是一个平凡的河蚌，而成为一个高贵的珍珠蚌！

河蚌并没有大脑，它是无脊椎动物，在演化的层级上很低，但是它知道要如何去适应一个无法改变的生存状况，把一个令自己不愉快的异己，转变为可以忍受的一部分。从河蚌的观点来看，其实人生很多逆境是值得我们感恩的。

无论是在家庭还是在职场，很多事你努力过了，仍然无法改变现状。这时候，你只有改变自己，去适应环境，适应某个或某些人。比起改变他人，改变自己要来得容易。自己的心态改变了，看待人或事的眼光不一样了，再接受那些原来你认为不可能的事情，就不会困难了。从另一个角度讲，很难改变自己思维角度的人，往往也不太可能改变别人。因为他们永远从一个角度出发想问题，碰几次壁仍不懂转换策略，那接连碰壁就是不言而喻的了。

举两个例子，生活中很多人都会碰到。

你希望丈夫能帮你洗碗，但无论怎么叫他，他就是不理。这么一来，你只有天天生气，如果你不试着改变自己，就会永远生气！只有当你想通了，不再强求他了，这件事才算走出困境。别小看这么一件不起眼的家务事，很多夫妇真的为此吵了半辈子。其实你可以用很多方法劝自己，比如："反正他洗得不如我洗得干净，自己洗还省时省水。""可能他比我更讨厌洗碗，我还是让他做别的事情吧！"

在公司，你恰巧碰到一个很难沟通的主管，你试了很多种沟通方法，她还是不近人情，天天板着脸，不给一点好脸色，弄得你一上班心情就糟透了。怎么办？你已经尽力了。那你干脆打消改变她的主意，就这样相处下去——也许她自己正面临什么难题，也许她就是不懂欣赏你。你只要把工作出色完成就可以了，记住，要把注意力全部放在工作上，而不是她的态度上，不能让她的态度影响到你的心情。在这种情况下，不适应也得适应。除非你调换岗位或直接换工作，你总不能让自己天天生闷气吧！

所以说，智慧的女性并不是碰不到问题，而是不会被问题难倒。面对各种难题，她们都能进行理性分析，并做出"下一步怎么办"的决定。之所以这样，是因为她们有很强的适应能力，能够尽快调适好心情，使自己保持积极的状态！

雷茵霍尔德·尼布尔（20世纪最杰出的基督教神学家之一）曾说过一句很有名的祈祷词："上帝，请赐给我们胸襟和雅量，让我们平心静气地去接受不可改变的事情；请赐给我们勇气，去改变可以改变的事情；请赐给我们智慧，去区分什么是可以改变的，什么是不可以改变的！"

尊重他人，就是尊重自己

尊重他人的选择、意愿、自由，欣赏他人的优点和气质，真诚地赞美和鼓励他人，明理不争，这是成熟与智慧的体现，是有教养、有修为的人的处世原则。

案　例

一个双腿残疾的人在火车站前摆小摊。一个中年人经过，漫不经心地丢下十元钱当作施舍。此人没走多远又折了回来，向摊主道歉："不好意思，你是一个生意人，我竟把你当成乞丐了。"

过了一段时间，中年人再次路过火车站，一个店家的老板在门口微笑着喊住他："我一直期待你的出现。"中年人认出，这个人就是上次自己误认为乞丐的残疾人。"你是第一个把我当成生意人看待的人，你看，我现在算是一个真正的生意人了。"

一份尊重，产生了意想不到的善果。有时候，你的看法真的会改变一个人。因为你给予的尊重和肯定，激发了对方的潜力，使他（她）认识到自己的可贵与独特，经过长时间的努力，最终成为你所认为的那种人。

社会中的人是千差万别的，承认这一点，是我们与他人相处的前提。有些人你看不惯，不用担心他（她）会没人爱。要知道，在他（她）父母或爱人眼里，他（她）就是珍宝，千金不换。这和你在你的父母或爱人心中的地位并无二致。事实上，看不惯你的人肯定也有，但你不会因此而减损一分一毫。这世界允许各种各样的人存在，天空是所有人的天空。

　　因此，不要对和你不同的人另眼相待，接受和你一样呼吸、微笑的人的存在。大到信仰、种族、价值观的不同，小到爱好、审美、习惯的不同，只有尊重他人的选择、意愿、自由，才能让自己的选择、意愿、自由得到尊重。

　　金碑、银碑，不如他人的口碑，金奖、银奖，不如他人的夸奖，金房、银房，不如进入他人的心房。怎样进入他人的心房呢？第一步就是要尊重他人。在没有任何矛盾的时候，尊重他人并不难，难的是即使很多事情你不认可，也还是要坚持尊重的原则。贬低和排斥只会让友情变淡。

　　下属犯了错，不要当众或当场指出来，给他一个台阶下，不把话说那么满，他自然会心存感激，以更努力的工作来弥补过错。朋友做的事你不理解，先别急着责问，要站在他（她）的角度分析理解。

　　孩子的发展不符合你的预期，不要强迫他（她）遵从你的意愿。即使你的看法完全正确，强制也不是什么好办法。它会伤害孩子的自尊心，瓦解孩子的独立性，发展再好也得不偿失。不妨留给孩子一些空间，让事实告诉他（她）该如何选择。

　　尊重上级是天职，尊重同事是本分，尊重下属是美德，尊重客户是常识。用真诚的眼光肯定别人的优点，用智慧的做法来指出别人的缺点。

因此，尊重他人，不仅是你个人修养的体现，也是成熟和智慧女人的必然选择。

<h2 style="text-align:center">欣赏是点亮黑夜的星光</h2>

芸芸众生，形形色色，高矮胖瘦，各有特色。这个人眼睛不大，但十分有神，那个人个子不高，但比例协调，很多人其貌不扬，但才干杰出，很多人普普通通，但通情达理。

每个人都有其独特的优点和气质。包容性不强的人，欣赏不了不同的美，认识不到多元化的价值，看不到多样性的优点。比如有的中国人嫌弃自己的单眼皮、塌鼻梁、黄皮肤，但在一些西方人眼中，这却是东方人独具的韵味和美。

懂得欣赏需要一定的鉴赏力，没有鉴赏力，再美的事情摆在面前，也会熟视无睹。胸怀宽广的人才更容易欣赏他人，他们懂得品味人生，知道人生的多种滋味、人世间的众生百态。

案 例

一个男人在荒诞中度过了大半人生，离了两次婚之后独自生活。一个女人在经历了一次不幸婚姻后，也一个人孤独地生活。两个人共同的朋友想撮合他们。但只认识女方和只认识男方的人不同意。女方的朋友说："听说这个人风流成性，嗜赌如命，怎么能依靠？！"男方的朋友说："这个女人被男人抛弃了，肯定不会好到哪里去！"但两个人力排众议，还是决定在一起了。而且令大家意外的是，他们相知相惜，生活过得很幸福。

大家都有些好奇：他们是如何营造出这段好姻缘的？男人向朋友们

解释说："就是因为她离过一次婚，我才更认定了她。曾经失去，她会更珍惜拥有。"女人对她的朋友这样说："前半生，他该犯的错都犯过了。剩下的后半生，我想他会好好过日子了。"

这段婚姻被他们的朋友传为佳话。完美的婚姻皆因两个人懂得欣赏而缔造。他们在各自的不完美中找到完美，在各自的缺点中找出优点。因为懂得欣赏，曾经的挫败成为财富，因为懂得欣赏，两颗孤独的心靠近，虽然人生过半，却拥有朝阳般的希望。

真诚地赞扬他人

1988年，我的第一本书《走向成功》出版，一位读者看完书后找到我，她说自己获益匪浅，并希望和我成为朋友。接触几次下来，我发觉她这个人非常优秀，不仅聪明能干，而且认真负责。那时她还不到30岁，在一家国企的财务部负责财务。我鼓励她说："你很有上进心，如果哪天被伯乐赏识，一定可以做到总裁！被你这样德才兼备的人领导，企业一定可以做大！"

十几年过去了，她果然做到了总裁，带领企业创造了相当高的业绩。每当我们聊起这段过往，她都会感激地说："李老师，您不知道，当年您那一句鼓励赞赏的话，对我有多大的推动力！"

丘吉尔曾经说："你要别人具有怎样的优点，你就要怎样去赞美他。"实事求是而不夸张的赞美，真诚而不虚伪的赞美，会使对方增加责任感，自觉规范和约束自身的行为。同时，为了不辜负你的赞扬，他会在你赞赏的方面更加自律。

女人的成熟
比成功更重要

赞美有一种不可思议的力量。真诚的赞美像荒漠中的甘泉，让人的心灵得到滋润。许多杰出人才在其专业领域中能大放异彩，大多与他们在这些方面得到的正面评价比较多有关。

在生活中，我们对家人也应如此，多鼓励，少批评，以赞美来激发他们内在的潜力，要知道，赞美远比责怪和埋怨有效。赞美让对方感到愉快，因为交流的互动性，你也会因此而分享到愉悦！

"唯口出好兴戒"，意思是说：嘴巴说话，有时能成就一件好事，有时会引发争端，成为一件坏事。所以我们要谨慎说话，多说好话。一句鼓励的话，可能会改变一个人的命运；一句贴心的话，也许会消除怨恨；一句知心的话，也许会愈合伤口，造福他人……学会真诚赞美，永远鼓励他人。我想，拥有良好人际关系的智慧女性们，绝对不会疏漏这一点！

明理不争理，得理要饶人，理直要气和

案　例

1990年，日本裔秘鲁公民藤森当选秘鲁总统。作为南美政坛最有传奇色彩、最受争议的铁腕人物之一，他既因大力推动秘鲁经济发展受人拥戴，又因独裁专政、参与政治黑金交易备受诟病。

1974年，同样是日本移民后裔的苏珊娜与藤森结婚，婚后生有两男两女。苏珊娜是名门闺秀，又是位企业家。丈夫竞选总统时，才华出众的她率领竞选班子鼎力相助。

成为第一夫人后，苏珊娜不愿做一名默默无闻的女性。她为改变秘鲁落后地区的教育和卫生事业、争取妇女就业和保护儿童等做了许多工作，因而赢得了秘鲁公众的爱戴和支持。公众的支持激发了苏珊娜的政治野心，也使长期和睦的夫妻在治国方针等许多问题上产生了分歧。

1994年，苏珊娜公开与藤森对立，指责藤森蛮横独裁，重用亲属，利用职权为自己大谋私利。这些指责在后来都得到了证实，苏珊娜并没有说谎。但在当时，大部分公众并不相信她。

两人分居之后，苏珊娜搬出总统府，有一次她回去取东西，已搬到外面暂住的藤森吩咐侍卫把官邸门反锁，同时断水断电，使整个总统府变成一个黑屋。苏珊娜非常气愤，跑到二楼打开窗户，对着外面的记者疯狂地大声吼叫："我被软禁了，我被藤森这样对待！"众多媒体对着她拍照，民众看到了一个失态的、疯狂的第一夫人，全当笑柄一样谈论这件事。

苏珊娜不是一般的女人，她见识广博，经济实力雄厚，面对重重阻挠，政治野心反而越挫越勇。1995年，她宣布与藤森同时参与下一届总统竞选，同时曝出更多关于藤森的丑闻，藤森的反对派利用媒体将其放大，使藤森遭遇前所未有的政治危机。为了让苏珊娜失去机会，藤森利用他的影响力，让国会通过了一个法案，即总统亲属不能同时竞选总统，这就是有名的"苏珊娜条例"。

这段秘鲁第一家庭的恩怨传奇最终随着时间流逝告一段落。2000年，藤森参加亚太经合会议结束后，在"顺访"故土日本途中，突然宣布决定辞去秘鲁总统职务。这一决定立刻在万里之外的秘鲁掀起轩然大波，全体内阁成员深感愤慨，秘鲁当局拒绝辞职申请，宣布罢免总统。2005年，流亡日本五年之久的藤森在造访秘鲁邻国智利时被智利警方逮捕，并因腐败、违宪等二十多项指控，被引渡回秘鲁接受审判，最终以6年监禁宣判画上了句号。

在这一事件中，苏珊娜虽然站在真相这一边，却无人支持。她主动谋求政治权利，无奈她的局面自始至终都是被动的，还因此受到很多屈辱。苏珊娜虽然是个能干的女人，但天时地利都于她不利。这件事情反映出一般女性的悲哀：与丈夫作对的女人均被认为不是好女人。她们不自知，她们是因夫而贵，而非靠自己的因素，所以一般民众更容易接受他们选举的领导人的言论。这也说明当你被欺负、受委屈时，即使你站在理上，但在时机还不成熟时，强行争理，反而适得其反，还不如让时间说明一切，让真理说话。因为这时强行争辩，代价太大。

希拉里·克林顿虽然也因夫而贵，但她明显更成熟一些，与苏珊娜不一样。

在1994年克林顿第一次当选总统时，推行美国医疗制度改革，并成立了专门的委员会。克林顿推荐他的妻子来主管这件事，因为他认为希拉里无论从学历还是经验方面，都绝对有能力承担这项职务。

做这样大的改革，必然会触动很多既得利益团体。所以，很多人起来攻击希拉里，认为她只不过是总统夫人，又不是内阁成员，怎么有权力来做这件事情呢？希拉里经过思考，停止了一切活动，医疗改革也无疾而终了。审时度势，全身而退，这是希拉里的智慧。

为什么明理不争理呢？因为有的时候，有些理并不是越辩越明的，甚至明明占理，却争不到理。"形势比人强"就是这个道理。

当你遇到一位不可理喻的主管，当你碰到一个蛮不讲理的客户，不要白费力气争辩。明理不争的人，反而会受到别人的赏识。把裁判权交给公众、上级或他人，众人的眼睛是雪亮的，会还你一个公道。如果一时无法辩明被误解，那么让"时间"这位解决问题的高手来决断。与其自己争得脸红脖子粗也毫无成效，不如把事情交给时间去解决。要争一世，不争一时。明理不争，不代表懦弱，而是成熟与智慧的体现，是更高修养的体现。

现实生活中，很多人得理不饶人。一旦逮到理，义正词严、高声指责，巴不得将对方说得体无完肤，只差找个地缝钻进去。我回国这些年，在不少场合见过这类人。比如在国内机场，经常由于天气或机器故障原因，飞机误点，长达数小时，给乘客确实带来了不便。有些乘客就理直气壮地大声指责、叱喝航空公司机务人员，态度极端恶劣，引来众人围观，让人觉得他们实在是修养很差。其实，他们不过是逞了一时的口舌之快，什么时候见过这种人备受他人尊敬？中国的传统美德讲的是"礼"，而不是"理"。得理饶人其实是一件极简单的小事，却能展现一个人的胸襟与气度。

理直固然可以气壮，但会让人感觉到你的强势，从而对你敬而远之。虽然当时你可以抬头挺胸据理力争，但事后你会发现，别人都和你产生了距离。

所谓心悦诚服，就是服人以理，且宽人以仁，理直气和，才会让人有如沐春风之感。"忍一时风平浪静，退一步海阔天空"，得理之处且饶人。"人非圣贤，孰能无过"，给别人留退路，就是给自己留后路。

　　总之，明理不争理、得理且饶人、理直要气和，按此原则做人处世，才不失为一个有教养、有修为的成熟之人。

角度转变，人生转变

案 例

　　明朝时，有一个老员外独钟情于牡丹，他的庭院里开满了牡丹花。一天，同乡一位老翁路过，对着满园芬芳赞叹不已。见遇到知音，老员外高兴地采了几朵送予他，老翁捧回家将其插进花瓶观赏。没想老翁一位邻居见了说道："你看这几朵牡丹，每朵都有花瓣缺了角，岂不是富贵不全吗？"老翁听了，觉得有道理，便取出牡丹送还给老员外，同时说明了原因。老员外听罢忍不住笑道："花瓣缺角，不就是富贵无边吗？"老翁一听，颇有同感，于是选了更多的牡丹，开心地走了。

　　两位妇人聊天，其中一个问道："你儿子还好吧？"另一个叹道："别提了，他实在够可怜，娶个媳妇懒得要命，不烧饭、不扫地、不洗衣服、不带孩子，整天就是睡觉，我儿子还要端早餐到她床上呢！"问的人继续道："那你女儿呢？"回答的人立刻满脸笑容："那她可就好命了，他嫁了一个不错的男人，煮饭、洗衣、扫地、带孩子全由他代劳，听说他每天早上还端早点到床上给她吃呢！"

　　同样一朵花，"富贵不全"和"富贵无边"都是说法；同样的家务事，儿子做和女婿做评价完全不同。之所以结论迥异，在于看问题的角度和态度不同。若总站在自己的角度，就只能看到事物的一面，不可谓不狭隘。变换角度，改变态度，全面客观地观察思考，人生的风景就会更亮丽，未来的天地就会更广阔！

心若改变，态度跟着改变；态度改变，习惯跟着改变；习惯改变，性格跟着改变；性格改变，你的人生就大不同了。

 ## 拥有高情商，做情绪的主人

案 例

幼儿园里，三岁的小军正玩得高兴，一个小朋友突然一把夺走了他的玩具。小军气得将他推倒在地。老师把整个过程看在眼里，她对小军说："别人抢你的玩具，是他不对，你尽管很生气，却不能打人。下次再发生这种事，你要来报告老师，让老师来解决。记住了吗？"小军很听话，此后，他又碰到类似情况，尽管同样感到生气，却再没有动过手，而是很好地学会了控制自己的行为。

20年前，好莱坞影星西尔维斯特·史泰龙在美国一处风光明媚之地举办婚礼，新娘是模特布里吉特·尼尔森。这场婚礼吸引了媒体的广泛关注，镁光灯频频闪烁。

正当婚礼宴会进行的时候，一个小意外发生了，一位侍者不小心将酒洒在新娘的白纱礼服上，侍者当下就懵了。而更让宾客震惊的是，新娘一反愉悦娇羞的神态，怒不可遏地大骂侍者，仪态顿失。

翌日，各大媒体纷纷报道了这场婚礼，但报道内容不是婚礼的豪华，也不是新娘的艳光四射，而是她怒目圆睁时的粗鄙。

这是心理学常用的"情绪曲线图"。横坐标代表时间，纵坐标代表生气的强度。当你生气时，情绪进入一个所谓的非思维区，即在A、

情绪曲线图

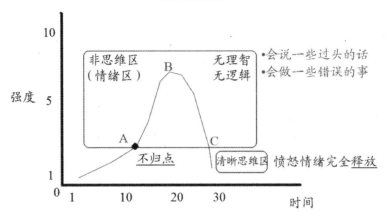

B、C这三点中，情绪进入一个非理性、非逻辑性的状态。此时你可能会说一些过头的话，做一些错误的决定。但通常5～10分钟后，愤怒的情绪得以释放，情绪会再次回到清晰的思维区。

上面第一个例子中，老师对小军的教育目的达到了：当他生气时，情绪进入非思维区，此时他无法控制情绪，却可以控制自己的行为——不打人，去报告老师。

第二个例子中，新娘礼服被洒上了酒，她的情绪进入非思维区，此刻她很难控制自己的情绪。如果她拥有成熟的心智，能够控制自己的行为——比如自嘲地说："（酒洒在礼服上）这真是一个永恒的纪念呀！"满座宾客定会赞叹新娘的风趣机智，报以会心的掌声。

生活中，当你被好友背叛或伤害，当你被丈夫欺骗或忽视，你都可能因愤怒而情绪失控，即进入"非思维区"。但是记住，一定要控制自己的行为，千万不要在这个时候，说过头的话，做过头的事！因为这将于事无补，只会助长火势。

最好的办法是什么呢？给你提一个很小但有用的建议：跑去倒一杯水，一口气喝下去！当你喝完水，胃被水占去了大半，生气的空间就少了，而喝水的动作又缓解了你的情绪。不多时，很可能你的情绪又渐渐恢复到清晰的思维区。此时再说话、再做决定都相对理智。夫妻争吵时，你为自己倒一杯水，也为对方倒一杯，他很可能感到惊讶："气头上还能这样友善！"小小一杯水，对缓和夫妻矛盾都有正面的作用。

复杂的人际关系中，高情商显得尤为重要。情商可以体现一个人控制情绪、承受压力的能力，是把握自己心理平衡、衡量自己在非智力活动中的重要指标。无论在家庭中或在职场上，我们都会与人有密切的互动，彼此间不协调、有争执是难免的。愚蠢的人让情绪来控制行为，成熟的人让行为控制情绪。

情绪管理ABC

20世纪60年代初，美国心理学家阿尔伯特·艾里斯（Albert Ellis）提出了"情绪ABC理论"。该理论的宗旨是：以理性的思维方式和观念，代替不合理的思维方式，进而改善由非理性观念带来的情绪问题。

ABC理论中，A是缘起事件（activating event），B是信念（belief），C是情绪与行为的结果（emotional and behavioral consequence）。理论指出，影响我们的并非事件本身，而是我们对此事的解释，因此即使发生的事情相同，若我们所持的信念不同，便会产生不同的情绪反应。所以艾里斯认为，人们应该为他们的情绪负责，因为情绪是由他的想法制造出来的。我们如果能驳斥非理性的信念，以合理信念取而代之，人就会有新的情绪产生，就会拥有较好的情绪反应。

案 例

例如，有四个女人同样遭遇失恋，第一个人的态度是这样的："算了，旧的不去，新的不来，再找一个说不定比他更好！"然后挥一挥衣袖，难过一两个星期，一切就过去了。第二个想："我对你这么好，你怎么可以说分手就分手呢？！"她自怨自艾，茶不思寝不寐，每天都生活得很痛苦，不论读书或工作，都搞得一团糟！第三个人很可怕："你不要我了，我死给你看！"带着遗书去跳楼了！第四个人最恐怖，她想报复，说："好！你不要我，我也不会要你好过！"然后跑到男方家大吵大闹，甚至带着硫酸去泼对方，要把对方也毁掉！

看，同样一件事，但四个人的想法、态度、行为各有不同。哪个合理，哪个不合理，读者一看便知。

阿尔伯特·艾里斯认为，人的情绪好坏，是由想法和信念所决定的。遇到负面的事情，通常人会产生很多不合适的想法，这种思维方式导致犹豫、焦虑、悲观、压抑、恶毒等不良情绪，只要去除这些不正确的想法，才可以改变人的情绪，甚至行为。也就是说，越是以正面的、乐观的想法去面对问题，越是能产生愉悦的、快乐的情绪，而不会被非理性的理念所控制。

ABC情绪管理理论提醒我们，在碰到棘手的事情、情绪非常糟糕之时，一定要适时提醒自己："我对这件事的理解是否正确、是否客观、是否全面？"相信你一旦进行理性分析，即可走出情绪的困境。

养成和自己对话的习惯

"自己是自己最好的心灵治疗师。"常和自己对话，是调整情绪、理清思路的好办法。女人每天早晚都要梳妆照镜，不妨利用这个机会和自己沟通一下。看着镜子，对自己说："今天到底什么事让你心情低落？""嗯，满脸笑容的表情就是比满脸愁苦的表情可爱多了！"

当有情绪困扰时，透过和自己对话（脑海中对话），可以用另一种角度来看自己、检查自己。一些心中原有的盲点，会因此而变得清晰明白，也就是"明心见性"了。这是最好的自我关照的能力。

当感到压力巨大时，要告诉自己："没什么了不起，反正事情会过去。"压力是迫使人们成长的原动力，但压力太大就会造成反效果。有些压力不可避免，自己要学着缓解紧张的情绪，比如："最糟糕的情况，也不过是如此。""就算功败垂成，至少我学到经验了。"

当感到非常愤怒时，尽量转移注意力。努力深呼吸，去喝杯温开水，借以放松自己的情绪。如果感到自己已经控制不住愤怒，一定要暂时离开和对方冲突的现场，等激动的情绪逐渐缓和，再来解决问题。记住，生气是拿别人的错误来惩罚自己，如果事情已经无可挽回，就不要再患得患失，原谅别人就是善待自己。

现代人生活的社会结构较以前复杂得多，而且又面临巨大的竞争压力，所以对情感支持的需求也非常大。如果没有一套由家人、朋友、同学、同事、咨询团队等建立的情绪支持系统，那么一旦面临难题，自己无法缓解情绪上的压力，则很容易日积月累，甚至导致情绪崩溃。建立支持性的情绪系统，使自己有地方宣泄情绪、倾诉苦闷、纾解积郁，是保持健康生活非常必要的途径。

学会"四放"

情绪管理有四种方法：

第一是"放松"：常做深呼吸。走路、吃饭、说话都尽量放慢节奏，不要总让你的神经和肌肉处在紧张状态。时常回归自然——现代人最需要放松身、心、灵。

第二是"放下"：调节自己的欲望，不能太贪心，该放下的要放下。要知道，有"舍"才有"得"，不"舍"就无"得"。你不肯放下，是因为担心一旦放下，手中的东西就会被别人拿走。但你两手抓满了东西，怎么可能再去抓别的？失之东隅，收之桑榆，一定要放下，才可能得到。

第三是"放开"：心要放开，气才能平和。放开东西，东西并不会丧失，丧失的是你控制它、拥有它的感觉。台湾地区宗教界领袖之一的星云大师，在完成了一生的志业，要离开佛光山时，弟子问他："大师，这里是您一手创建的，您离开了，不是什么都没有了吗？"大师回答："双手紧握，我什么都没有，双手张开，什么都是我的。"摊开双手放开了执着，将换来满心的轻松和幸福。

第四是"放空"：不要让自己总处在"满"的状态下，应时常清空自己的心灵，情志才能舒畅。我们在一间小小的屋子里，就会感觉不自在，因为触目所及都是墙壁，好像被束缚了。如果是在大自然中，那种一望无际的草原、森林、天空，会让我们感觉很开放，好像和大自然合而为一。这就是身心放空的感觉。空间对人的影响是巨大的。我们的身体需要空间，心灵也同样需要，所以，不要总让自己被俗务缠身，找个时间"放空"，大有裨益。

解决问题的先决条件是：要承认和面对问题。在台湾地区非常受景仰的圣严法师说："面对问题要有四个步骤：面对它、接受它、解决它、放下它。"这是很重要的观念和原则。很多人经历一件大事，过了很久的时间，都还无法面对、无法接受，一直在"为什么是我""为什么我会遇到这种事"上打转，以致宕延了解决的时间，更遑论"放下它"。自然就会一直受到这件事情带来的情绪上的折磨，这样的人生实在遗憾。

譬如一个人被诊断得了癌症，虽然很沮丧，很痛苦，但你能先面对它，接受这样一个事实，继而想办法治疗，在治疗过程中仍能保持一颗坦然平和的心，过正常的生活。这就是"面对它、接受它、解决它、放下它"。

人可以有挫败，但不要有灾难

人生旅途漫长，当中会有很多起伏，挫折和失败在所难免。逆境会造成心灵的伤害，更会促进心智的成长，使人具有更优秀的品质。就好比高山果蔬，它们生长环境恶劣，但果实特别香甜。

案例

台湾地区有一位名作家叫柏杨，他生前是我非常要好的忘年之交。早年他因为政治原因，在监狱关了九年，到1979年才释放出来。出狱后，他已是"妻离子散"，这对他的打击很大。

有一次和柏杨聊天，我对他说："柏老，我经常引用您一本书里面的一句话：没有挫败的人生没有趣味。人生中挫折是必要的，几乎每一个挫折，都可能化作一种营养。您这一生中，真是经历了太多的挫败啊！"

柏老跟我说："我一生的许多遭遇不叫挫败，叫灾难！人可以有挫败，但不要有灾难！"灾难有时候会将一个人置于死地，好在柏杨一直保有顽强的生命力，才没有被牢狱之灾磨灭了精神。

柏杨是文人，使命使然，个性使然，再加上特殊的时代背景，使他遭遇了那场文字狱。但对平常人来说，可以有挫败，灾难一定要极力避免。如何避免呢？就是不要个性太张扬——低调做人，认真做事。所谓低调做人，就是要谦虚、含蓄、宽容、善良、有爱心，有公德心；认真做事，就是要主动、勤奋、负责任、敢担当、自信等。

人无千日好，花无百日红。得意时不要高估自己，低估别人，更不要错估形势。成功来自辛苦日，失败多因得意时。

中国有一句古话："福兮祸所伏，祸兮福所倚。"意思是说，当你志得意满、意气风发的时候，一些负面因素可能已经悄悄产生，并掩藏于顺境之中，随着时间推移，这些因素很可能使你走向下坡路，甚至乐极生悲。故得意不能忘形，凡事要低调行之。而当你处在人生逆境中时，一些有利的因素可能正在形成，比如逆境锻炼了你的意志，为你敲了一下警钟，促使你寻找到新方法摆脱困境，为将来的转机创造了有利条件。

"谦受益，满招损""结得最丰满的稻穗，往往是垂得最低的"，古人的智慧早就告诉了我们如何避免灾难。

佛家也有箴言说："与人为善。人为善，福虽未至，祸已远离；人为恶，祸虽未至，福已远离。"又说："为善者必昌，为恶者必灭。为善不昌是祖有余殃，殃尽则昌；为恶不灭是祖有余德，德尽则灭。"善有善报，恶有恶报。不是不报，时候未到。挫败在人一生中无法避免，但依靠智慧，则可最大限度地避免灾难。

比朋友更亲密的关系

女人若想保持身体健康，最好的办法之一就是拥有有几个好闺蜜。有闺蜜的好处多多，不仅可以经常互诉心事，相互陪伴，彼此相互信赖，更是遭遇困境时必不可少的情感和精神支撑。这些都会给人提供正能量，使女人心情舒畅，身心健康。

据科学研究表明，闺蜜因互相提供支持，帮助对方应对压力和生活中的困难体验，能使人更健康长寿。因为女性较为擅长语言，乐于表达，倾诉能帮助她们保持情绪的稳定，获得情感的满足。比方说遇见一件很不顺利的事情，和朋友说一说，问题可能并不一定会解决，但当事者的心情却会一下子好很多。

稳固的人际关系有助于女性保持积极乐观的心态，很多女人愿意表露自己的喜好甚至弱点，她们享受伴随双方信任的加强、稳固友谊关系带来的情感满足。这使她们身体内血清素含量提升，保持在一个健康的水准上，而血清素低则被公认是抑郁症患者的特征。

闺蜜有益生活，相处却是门艺术——因为女人天生敏感、多疑、情感细腻，女性朋友之间的关系，也较男性朋友间的友谊要微妙复杂得多。所以，掌握好和闺蜜相处的原则非常重要，而且，这些原则不只适用于闺蜜之间，其他任何性质的朋友也可以借鉴。

◆ 原则一：真实和真诚

怎么才能断定自己的闺蜜是个真朋友？答案是：她是一个能让你做你自己的人。也就是说，在友谊中，彼此都别装。真实是友情存在的基础。

可能有人认为：在人际交往中，自己应该尽可能表现出好的一面，应该尽量赞美朋友，只有这样才能使友情关系更和谐。从某一方面来说的确如此，有一句名言如是说：我们都喜欢那些我们认为是喜欢我们的人。那些欣赏我们、赞美我们、更加注意我们优点的人，更容易被我们接受而成为朋友。戴尔·卡耐基也曾说，"想拥有朋友，慷慨地去赞美别人吧！"但不能过度称赞，那会产生距离感，反而会让人觉得你伪善。

不要害怕对朋友说出真话会失去他们，也不要担心破坏气氛会影响关系。当朋友彼此之间已经非常熟悉，坦诚地表露自己的弱点会让人感觉你非常真实。如实说出你对朋友的看法，也会加深两个人的关系——当然，前提是充满善意。

◆ 原则二：互惠，而不是利用

有人认为，互惠是友情长久存在的秘诀之一。譬如，如果和某人交往所得到的回报大于付出成本，那么我们就喜欢并愿意继续维持这种关系。这种互惠理论也常常被用来解释其他人际关系，甚至包括爱情和婚姻关系。

如果是两个人精神世界或情感关系中的互惠、互动或互换，我想这是双赢的事。遗憾的是，这种互惠理论被很多中国人狭隘地理解了，一些人把"成本"和"回报"简化为经济概念和物质利益。现实生活中有很多人都是抱着这种想法在交朋友，而他们交到的朋友，却往往不是真朋友。这种关系遭遇利益考验时，所谓"闺蜜""死党""密友"都变得不堪一击分崩离析。

什么是真朋友？真朋友是你在帮助她时，内心没想过要她回报你。你是真心实意为对方好。如果对方对你也同样，那么恭喜，你确实收获了闺蜜一枚。不妨试试用这一条标准考量一下自己和身边的朋友。

◆ 原则三：保守秘密

"闺蜜"首先是"闺密"，没有秘密不成闺蜜。若是放任自己的大嘴巴八卦闺蜜的私事，那么再久再牢固的友谊也会瓦解。有些事情连自己的老公、男友也不能说。要知道，男友可能会换，闺蜜却往往是一辈子的；老公毕竟是男人，男人的思维和女人不同，闺蜜认为天大的事情可能你老公觉得小事一桩。莫让老公评价你的友情，影响你的判断。

记住，什么样的情感都需要信任作为基石。曝光闺蜜隐私是大忌，失去的不仅是她这个朋友，你很可能从此多了一个敌人，而其他人也会因此认为你是一个"会在背后说人坏话的不可靠的人"。

◆ 原则四：不可炫耀

人的发展、际遇、生命阶段各不同。尤其是婚后，以前背景相近的朋友可能会因为夫家的不同而变化巨大。比如有的还是公司小职员。为五斗米折腰；有的却已锦衣玉食，往来鸿儒间。又如有的人婚姻顺利，夫妻和睦，孩子争气；有的人则婚姻运差，在夫妻关系中阅尽人性丑陋，心态迥异于青春年少时。

所以，真的珍视朋友，就绝不能在处境不顺的朋友面前尽情炫耀幸福。即使是闺蜜，大家也各有各的生活，各有各的思维方式。炫耀幸福一定要有度，过多炫耀会让人变得反感，最糟糕的是让没有幸福感的闺蜜产生嫉妒，最后利用你而抢走你原本的幸福。

◆ 原则五：换位思考

换位思考是良好人际关系的不二法则，它适用于任何人际关系的处理：夫妻关系、朋友之道、亲子关系等。换位思考说白了是一种同理心，这是一种能力——你有没有能力从另外一种或几种角度思考问题、解决问题？这种能力越强，你的人际关系就越趋于顺畅，甚至你的工作能力、社会活动能力也会随之大幅提升。

对于闺蜜的相处之道来说，换位思考意味着：当她遇到问题时，你不能从自己的角度任意评判。要设身处地地理解朋友，而不是高高在上的出谋划策。同样，在你遇到困难时，闺蜜的建议你也要分析着听。毕竟不是对方亲历的事情，也许她非常想帮你，但心有余而力不足。其实，闺蜜更多的还是情感支持，我们在伤心彷徨时，有闺蜜可以倾听和陪伴；在我们开心时，有闺蜜可以一同分享。但涉及"最后怎么办"的个人选择时，最好还是自己拿主意，只有自己能负责自己的人生。

相比于女性，男性之间难建立类似"闺蜜"这种关系。首先，相互倾诉需要时间，男性忙于工作，较少有时间去沟通。再有，男人不会轻易把自己的心里话和对生活的感受跟同性沟通，这样容易暴露自己的弱点和商业秘密。男性之间的交往多半是建立在活动和事务基础上的，比如谈论工作、兴趣等，如政治、体育、汽车、钓鱼、打猎……男性和女性交友特点虽然不同，但无论男女，在生活中都离不了朋友的陪伴和支持。

和优秀的人交朋友

一天，一个路人发现路旁有一堆泥土，泥土中散发出芳香。他忍不住挖了些带回家去，一时间家中竟也充满香气。他很好奇，向泥土发问："你是珍宝，还是一种稀有的香料？"

"都不是，我只是普通的泥土而已。"泥土答道。

"那你身上的香味从哪里来的？"

泥土说："这不过是因为我曾住在玫瑰园，和玫瑰生活久了而已。"

这就是"如入幽兰之室，久而不闻其香；如入鲍鱼之肆，久而不闻其臭"的道理。和什么样的人相处，久而久之，就会有相同的味道。我们不但要成为靠近玫瑰的泥土，吸收玫瑰的芬芳，更要成为能带给他人香味的玫瑰。

哈佛大学的一位教授曾经说过："对手十分重要，就像打乒乓球、打桥牌，你经常跟水平差的人一起打，就很难进步。"所以，在学习的过程当中，结交比自己各方面更优秀、更杰出的同性朋友十分必要。为什么最好是同性朋友呢？这样比较不容易引起误会，交往也更自然，更方便。要想快乐，先找朋友，要想进步，先找对手。

"近朱者赤，近墨者黑"，这句话适用于很多地方。如果你能保持一颗干净的心，那么周遭有一点污秽都能察觉出来。所以，常与和你一样心地善良的人交往，彼此高尚的品格可以互相促进。若认识了一些心性不如自己的人，则可以他们为反面教材，透过他们的言行，你可以反观自己，引以为戒。孔子说"三人行，必有我师焉，择其善者而从之，择其不善者而改之"，就是这个道理。

在这个现实社会，太多人惯于趋炎附势，为了某种利益而交朋友。这种朋友是经不起考验的。靠金钱获得的友谊不会长久，只有以品德交友，才能结交到真正的朋友。当你付出真诚，主动去关心和帮助别人，使其感受到温暖和快乐，他们必将赋予你同样的真诚，你也会因此拥有更多知心的朋友。网络上说："朋友是风，朋友是雨，有了朋友可以呼风唤雨；朋友是天，朋友是地，有了朋友可以顶天立地。""你能够走多远，看你与谁同行；你能够有多成功，看你跟谁在一起"，讲的都是好朋友的作用。

自身持续的努力，合适的机遇，再加上朋友的帮助，很容易造就一个人的成功。所以我常说，每个人的人生过程当中，都应该有"四人帮"——"高人"指点，"贵人"相助，"友人"鼓励，"小人"监督。

《论语》曰："友直，友谅，友多闻。"意指要结交正直的、能体谅人且博学的朋友。清代学者张潮说："对渊博友，如读异书；对风雅友，如读名人诗文；对谨饬友，如读圣贤经传；对滑稽友，如阅传奇小说。"真是对朋友的深刻品味。

人生中虽然有许多事由不得自己，但对于该和什么样的朋友往来，自己有绝对的主导权。睁大眼睛，选择真正对自己知无不言、可以患难与共的朋友。在你情绪失控时，他们会先帮你踩稳刹车；在你遭遇困难时，他们会伸出双手让你紧握；在你身心俱疲时，他们的肩膀会让你倚靠。分享你的快乐，分担你的苦痛，促进你的学习，扶持你的成功。人生路上何时能少了朋友？

Chapter 9

拿什么行走职场

成熟女人在职场上常常能认清自己的位置，

不会错误地认为自己是不可取代的，

但会努力让自己成为不可或缺的。

寻找你的职业锚

马斯洛认为，人需要通过"自我实现"，满足多层次的需求，直至达到高峰体验。这种需求从低到高分别是生理需求、安全需求、社交需求、尊重需求和自我实现的需求。每个人都潜藏着这五种不同层次的需要，但在不同的时期所表现出来的迫切程度是不同的，最迫切的需求才是激励人行动的主要动力。

中国的文化整体性和社会层次感过于强烈，这也导致了我们对个体意识的淡漠。在计划经济时代，工作是由组织统一分配的，个人完全无法直面选择。在进入市场经济后，女性开始慢慢醒悟，但是由于女性身负生命载体的重大职责，以及生命周期的局限性和不可逆性，让女人无法在人生的黄金时段回避婚姻和养育未成年儿女的责任，这些现实导致很多女性只能在完成家庭责任或者经济压力减小的情况下才得以开始考虑自我实现。

女性在不断社会化的进程中，通过汲取新知识和吸收新的价值观，燃起了对人生的更高追求。35～45岁的女性为主要群体，在工作方面，原来的单一工作方式已经不能满足她们内心的需要，很多人开始考虑将原来的职业转化为一份事业。

当我们面对这样的思考时，首先要审慎地问自己三个问题：

第一，我到底想干什么？我追求的人生目标是什么？

第二，我能干什么？我到底具备什么特长与优势？

第三，我为什么要干这件事？我的人生追求与价值取向是什么？

事实上，这是三个看似简单而又非常难回答的问题，但是深入的思考有助于我们寻找未来的定位，这就像轮船航行归来时需要靠岸抛锚一样，找到自己的"职业锚"，就等于为自己今后的事业找到了起点。

我到底适合做什么

在日益加剧的社会竞争和男女趋于平等的社会意识面前，更多的女性开始渴望成功，除了那些在公司中身居要职的上班族，还有很多人选择自己创业，完成更为自我的事业梦想。

科学家认为，大脑左半球管理抽象思维活动，右半球掌管形象思维活动，男人多半是"左半球的人"，女人多半是"右半球的人"。当把职业简单地划分为高技术类和高情感类时，男人更适合前者，女人更适合后者。

女人天生的直觉、理解力、柔韧性、协调性决定其在某些方面具有男人无法比拟的优势与特长，从这个意义上说，女人更适合创业，自己当老板。

然而创业的原因首先是你对自己要做的这件事感兴趣，而不是仅仅对创造财富感兴趣，更不是因为找不到其他更合适的工作。同时女性需要根据既定的目标衡量自己的能力是否能够承担未来的压力。

女人的成熟
比成功更重要

我曾经接触过一些女性朋友，由于在主观上不了解自己的优势和劣势，客观上不了解市场状况，导致自己的事业异常辛苦而又骑虎难下。一个经常打胜仗的人，有时不是因为他（她）会打仗，而是因为他（她）懂得如何选择适合的战场。

所以对一部分女性来说，并不是一定要出来创业、做出一些丰功伟绩才算成功，一些人的个性特点也决定了她们对事业并非充满激情。在社会的每个角落，每天都有一些平凡的人，默默地做着一些平凡的事。而在琐碎平凡的工作中，做到自己最满意的状态就是不平凡的。所以说并不是每一位女性都需要出来创业，那些不适合创业的人能够在自己的工作岗位上辛勤耕耘，努力活在当下，能够用积极的心态愉快地、充实地生活，同样是成功。

事实上，每个人的特点是不同的，在创业前要先学会客观地进行自我评价。既不能自视清高又不能妄自菲薄。在自我分析的过程中，除了从以往的职场中体会自己的优劣，找到自己的个性特点、兴趣专长等，还可以从配偶、亲友和老师那里得到建议，另外一种更直观的方式是听从自己的内心。综合这些评价找到自己可以做的事情，而且要明确你在做这件事的时候比其他人更有优势，如果什么优势都没有，至少还要有先发优势。

案 例

国内知名的女作家毕淑敏，就是发现自己优势，转型成功的一个典型。我听过她的讲座，讲到自己的职业经历时，她说在"文化大革命"的时候，很多年轻人都出去闹事，她却躲到图书馆，借了很多文学作品来阅读。那段时光不仅培养了她对文学的爱好，也使她奠定了一定的文学根基。

作为医生，她亲眼目睹了许多人间的生离死别，在西藏工作期间，面对重重雪山，她对人生有了更深层次的思考。就在她快四十岁的时候，她突然决定放弃医生这个职业。因为作为一名外科医生，不能犯任何技术上的错误，病人的生命掌握在自己手中，这给了她很大的心理压力。她热爱文学，又喜欢幻想，在虚拟的小说世界里，她可以塑造那些人物的命运与一生，包括他们的现在和未来，这完全可以让她从现实生活中解脱出来，体验到文学的美妙。有了这些想法后，她决定要转型，毅然决然地放弃了原来的医生工作。

当时她的丈夫、父母和所有朋友，全都反对这个决定，因为在他们看来，医生的收入有保障，社会地位高又受人尊敬，而且这种工作对经验要求非常高，年龄越大越容易出成绩。她竟然在这样一个年龄放弃这份好工作，而要在另一个完全陌生的行业里重新开始，风险实在是太大了。但是她了解自己的内在需求，于是不顾家人的反对，仍然选择去读心理学，同时开始她的写作生涯。最后她成功了，不仅成为了一级作家，写了很多畅销的文学作品，而且有了自己的心理咨询公司，帮助到很多有心理障碍的朋友。

所以说她的转型是成功的，她知道自己追求的目标与兴趣所在，并全力以赴完成了自我价值的实现。

把职业变成事业

在职业生涯重新选择中，认清自己之后，接着就是选择明确的目标。实际上，我们每个人来到这个世界上，先天上都没有选择的权利，我们不能选择自己的父母、出身背景和家庭。可当我们对世界有了一定认识，有独立思考能力后，对在这个社会上扮演怎样的角色，就应该有所选择。实际上有不少人来到这个世界上庸庸碌碌地过一辈子，并不知道自己的人生目标是什么。

有人曾经做过这样一个试验，他把身高、体能相近的一群人分为两组，让他们去摸高。主办者对其中一组人说："你们能够摸到两米五。"而对另一组人只说："你们往高跳。"结果显示，第一组由于有两米五这样一个具体要求，他们每个人都达到了。而第二组由于没有具体要求，他们平均只摸到两米多一点。由此可以看出目标对人的激励作用以及由此产生的奋斗差异。

那么如何去选定你的目标呢？我认为目标选择有四项原则：

第一，目标必须远大。目标太小是没有吸引力的，对自己也不具备挑战性，无法让人向成功迈进。

第二，目标必须是长期性的。即自己必须长期坚持同一目标，不能没有定性，否则不容易做出成绩的。

第三，目标必须要日常性。既然有了目标就要坚持每天为此努力，通常开始的时候带有一定的强迫性，但是有科学论证，一个行为坚持21天就会变成习惯，而一旦这种努力变成习惯，就意味着你将一步一步迈向成功。

第四，目标要具体化。有人说："我将来长大了要做一个伟人。"还有的说："我将来长大了要做总统。"这样的目标就太过笼统了。

俗语说："有志者立长志，无志者常立志。"很多人年轻时自视甚高，习惯于好高骛远，目标定得也不切实际，随着年龄的增长，在生活的挫败与现实的压力下，自己原来设定的目标一步步在降低，最后梦想难以付诸实现。因此，没有目标固然不行，总换目标同样不行，目标太多不行，方法不对也不行，坚持不够不行，有了目标，没有决心去实现目标更不行。

　　目标是成功的基石，没有目标，就没有成功可言。而没有决心达到目标，就是决心失败。但是达到目标并非一日之功，要利用科学的方法，通过观察、比较、综合、分析、归纳，进行目标的分解。

案　例

　　1984年，在日本东京举行的国际马拉松比赛中，名不见经传的山田本一夺得了世界冠军。众所周知，马拉松是极耗体力的一项运动，对一个人的耐力是极大的考验，东方人由于体能的原因，较难在此项运动中获胜。山田本一是如何脱颖而出的呢？在赛后他分享道，他习惯把目标进行分解：第一目标是先跑到前面大树的位置，第二目标是跑到银行大楼，第三目标是跑到红房子……每一个小目标，他都以最饱满的激情来完成。由于短期目标较易达到，而且完成后就有一定的成就感，这样非常容易激励自己向更高的目标迈进，直至取得最后胜利。

　　同样的道理，在日常学习中，如果你想把英文学好，就要先制定目标，先是短期目标，而后是中期目标、长期目标。譬如你要求自己每天一定要背十个单词，每周要读懂一篇文章，并在两年内能看懂英文书报，三年内考过英语四级考试，五年内考过六级考试。由于你定的目标很具体，且能够按部就班去执行，就容易达到自己希望的结果。

　　又如一个人的目标是要当大学教授，那他必须要先完成自己的学业，再取得相应的学位，在这个过程中逐步向目标迈进。再如，某人想做跨国公司的CEO，他一般得先从基层主管做起，取得优秀的业绩后，再晋升到中高层，直至做到高层，这需要一步步的升迁。总之，聚沙成塔，事业的成功在于积累，目标的实现在于阶段性的逐步完善。

别人可以被取代，但你不可以

我们看到很多成功人士提升自己的方法无外乎读万卷书、行万里路、交八方朋友，这些逐步积累的修炼，可以让人在综合素质上有全面的改善。

人们靠劳动、工作获得自己在社会上的安全感，也希望以此完成自己与社会联结的需求，所以寻求工作的安全感是职场中每个人的本能需要。但与此形成悖论的是，随着人口的增长、教育体制的完善、国家的变革、社会竞争的加剧，职场也往往成为让我们感到最疲惫、最不安全的地方，而且这种职场中的不确定性有逐步加强的趋势。因为以往在一个工作单位善始善终的生活已经逐渐成为历史，有统计显示，对于现在职场里的白领、骨干和精英（俗称白骨精）女性，职业发展已经成为仅次于婚姻家庭的第二焦虑发源地。

通过分析我们发现，女性在职场中的焦虑源头就是自己的竞争力。在公司中，如何让自己成为不可替代的人选，提高我们的可雇佣性？投资自己的职业生涯发展，提高自己的含金量是抵消这种焦虑的最佳途径。

　　每个人都要在职场上认清自己的位置，不要错误地认为自己是不可被取代的(replaced)，但要努力让自己成为不可或缺的(indispensable)。我有一位女友在美国跨国公司工作，职位升至亚洲区域部经理，职位较高，权力也大。后来公司欲削弱她的权力，将其职权分给几个新部门。她不甘心自己的权力被削弱，自认为对公司贡献很大，公司是离不开她的，便以辞职相威胁。结果公司很快接受了她的辞呈，弄假成真，这次意气用事让她后悔不已。

　　在这个知识日新月异的时代，持续不断地学习是女性完成职业提升的基本方法。从一般意义上看，提高自己的"唯一性"的基础就是提升自己的专业技能，比如随时进行专业知识的深化、岗位技能的进修、经验的积累等。从更长远的角度考虑，很多事情是"功夫在诗外"的，我们看到很多成功人士提升自己的方法无外乎读万卷书、行万里路、交八方朋友，这些逐步积累的修炼，可以让人在综合素质上有全面的提高。

纲举目张，这些修炼可以让人有更为正确的价值观、更加积极的心态、对未来潮流充满信心，可以顺应时代发展、提高承压能力、人际交往能力以及培养更健康的工作生活习惯。只有在道的层面上改善自己，才能在术的层面更加从容。

下面是我总结的行走职场八项原则，与广大职场女性朋友共勉。

第一，大事要清晰，小事要认真。

女性的个性特点导致很多人习惯拘泥于细节，这样做非常容易达成完美，但这往往也阻碍了自己站在更高层面发现问题、思考问题。在职场中，不仅要做到有执行力，还要有战略的思维和眼光。另外就是做事要认真。认真做事，把事情做对，用心做事，把事情做好，既认真又用心就会把事情做得又对又好。

第二，同事间相处要理解对方，换位思考，将心比心。

有人说，"心有多大，事业就有多大"。在工作中要学会换位思考，善解人意。在必要的时候要有原谅别人的气魄，宽以待人。

第三，信守承诺，诚恳正直。

在工作出现失误时要勇于道歉，要能够在团队中展示自己真诚勤奋的工作作风，并且做到言行一致，信守承诺。工作一旦进入低潮时，也不必气馁，要鼓足勇气重新树立信心面对挑战。

第四，善于学习，富于创新。

由于女性在社会中的弱势地位由来已久，导致很多人更保守，但是故步自封已经不能在现代社会中取胜，女性在工作中要充分发挥自己的聪明才智，持续充电，用创新的思维赢得职场的肯定。

第五，管理好自己的时间。

每一分钟都要做有效率的事情。如果你能够非常紧凑地利用你的时间，就是在变相地延长自己的生命，因为时间是珍贵的，而竞争赋予了时间更高的价值。

第六，平衡好工作和生活。

应该说，女性在家庭中的位置是不可替代的，女性要善于统筹安排自己的生活和工作，一张一弛地管理自己的人生。同时需要快速转变自己的角色，那些在职场中反复谈论孩子的人和在家庭中总是唠叨工作的人都很难让别人肯定。

第七，善于利用女性优势。

女性在职场中有很多男性无法替代的优势，比如较强的亲和力、情感细腻、做事认真精致，只要善于发挥自己的特质，就能在公司中变得更加难以取代。

第八，得体地装扮自己。

女性本应是美丽的，很多人说，学得好不如长得好，这从一个侧面带给大家一种信息。有统计显示，美丽而聪明的女人比不修边幅、打扮不得体的女性更容易晋升。

"二八哲学"要学会

在职场中，职业女性做出的贡献不是做了男人可以做的事情，而是做了他们做不到的事情。女人天性较男人更柔美，且充满爱心和耐心，更懂得付出和承担责任。

女人的成熟
比成功更重要

作为社会中的弱势群体，女性对安全感的渴求更为强烈，但这恰恰让女性自己成为给别人带来安全感的人。她们更善于制造轻松、和谐的工作氛围，很多时候甚至让残酷的市场竞争充满柔情爱意。

我们不难看出在很多岗位上，比如公共关系、人力资源等，女性的沟通作用可以很好地化解矛盾，这种四两拨千斤的气度是男性无法比拟的。所以女性要善于利用自己的先天优势，选择适合自己个性的职业。

另外女性要有能力选择自己的发展平台，我接触过一些非常优秀的女性朋友，她们在工作中很努力，但是由于公司的发展不够好，导致她们频繁更换工作，这无疑是对自己职业青春的浪费。

所以大家要在职业发展早期做好自己的职业生涯规划，知道大的方向是什么，如何逐步达成，并了解在达成这样的目标的时候，需要怎样的平台支撑。只有在一个好的平台上，才能够尽情地舞蹈。

非常遗憾的是，和先天优势一样，女性也有与生俱来的弱点，比如优柔寡断、斤斤计较等，这些特点有的是个性使然，更多的实际上来源于自己没有进行过人格上的修炼。我们经常听到"三个女人一台戏"的评价，所以女性更要以此为戒，随时反省自己的言行，看是否能为公司、为团队和自己的职业发展带来积极的一面。

"二八现象"比比皆是，我把这个"二八现象"同样用在我个人的人生规划上，形成了"二八哲学"。

女人在年轻的时候，责任内的事情比较多，我用80%的精力完成责任内的事情，20%的精力做自己喜欢做的事情。但是，随着年龄的增长，责任内的事情完成得比较多，我现在就把它倒过来，用80%的精力做自己喜欢做的事情，20%的精力完成责任内的事情。

在我小时候父母均对我寄予了较高的期望，大学时我曾担任过台湾地区最高学府——台湾大学学生会主席，也被推选为台湾地区青年的代表去晋见蒋介石先生，所以我当时在同龄人中是比较出众的。但是出国后，为了家庭，我把更多的时间和精力花费在照顾三个孩子上，那时的我尽职尽责地做了该做的事情。当孩子逐渐长大后，我发现我唯独对自己尽的责任不够，我认为自己不应该停留在那时的状态，所以我选择在四十多岁的时候去读了博士，而且是有一定难度的经济学博士。经济学中的宏观经济学、微观经济学里有很多数学模型，要用微积分来解题，经济学的博士学位论文也一定要有数学模型，这一切对那个年龄的我都是不小的挑战。

当我读完经济学博士，顺利拿到学位证书之后，正好碰到了国内各大学开办各类MBA班、EMBA班、高级金融家班、总裁班等，我也开始任教。我过去在美国投资，现在又到国内来投资，在投资方面既有成功的经验也有失败的教训。这种理论和实践的结合以及我在国外生活了二十多年所具备的国际化视野，导致我的课程比较受学生们的欢迎，事实上这正是和我的背景以及多年的努力积累相关的。

"20岁的时候看的是学历，30岁的时候看的是简历，40岁的时候看的是资历，到了50岁的时候看的就是阅历了！"当有了一定的阅历时，讲出来的东西就会有一定的深度与内涵，也比较容易被学生所接受。

女人的成熟
比成功更重要

另外从年龄上看，女性完全不必以此作为发展的壁垒。我曾听到有的人说"女人死都不怕，就怕老"，实际上，有人把女人比作美酒，越陈越香。从另外一个角度衡量，年轻的女性有青春和美貌，却好像是没有香味的花，年纪越长，越馥郁芳香，这种成熟的韵味才能够真正吸引别人。几年前，有人对香港立法机构的女官员做了一个年龄调查，她们的平均年龄在六十岁左右，也就是说到了这样的年龄，有了一定的积累，她们才能够在政界显现出睿智与才华。

所以年龄渐长对于众多的女性来讲，绝对不会为我们减分，只要我们肯加以利用，年龄是会为我们加分的，因为它代表了更好的历练与磨难。

女性不要因为失去了青春，就丧失了上进的动力，任何努力只要开始就不晚。事实上，女人在年龄稍长后，孩子长大了，负担反而少了，正是发展自己、超越自己，去攀登另一事业高峰的最佳时机。

你有多认真，人生就有多精彩

案 例

英国有一个电视节目叫作《英国达人秀》，有一位47岁的未婚女士，长得胖胖的，她在这档节目中唱了一首叫《我曾有梦》的歌曲，几乎所有人都被她那天籁般的歌声震惊了，她一炮走红。成名之后，美国Youtube网站有关她精彩演出的片断，短短几天，点击率上升至3500万次，居然超过了奥巴马当选总统之后的就职演说。

就是这位名叫苏珊的草根红人，却是一位由于出生时大脑缺氧，导致轻微智障的残疾人士。她12岁的时候开始对唱歌感兴趣，进入唱诗班。18岁中学毕业时，还有几门课不及格。她曾经在当地的社区工作，后来由于母亲生病，只能全职照顾母亲，一直到两年前母亲过世。

她母亲过世前，经常跟她一起在电视机前看《英国达人秀》的歌唱比赛，她的母亲曾鼓励她说："苏珊，你的歌唱得非常好，你应该属于那个舞台！"母亲的鼓励给了苏珊参赛的勇气。后来有人去访问她说："你现在一举成名了，你的感想是什么？"她说："现在我再也不会感觉到寂寞了！"

生命的精彩由自己来决定，上天常常是把美好的东西恩赐给一些不懈努力并且善良的人。

我认为世界上有三类事情：第一类事情是上帝的事情。到底你是生在一个有钱人的家庭，还是一个贫困的家庭，你的父亲是不是很有地位，是个白人还是个黑人……这些都不是你能够决定的，这是上帝决定的事。第二类事情是别人的事情。为什么别人的丈夫升官了，为什么别人的丈夫能够给她买一辆汽车，别人为什么成功了……这是别人的事情，你也管不了。第三类事情是你自己的事情，只有你自己的事情，你应该做好。

自助者天助，每一个阶段该做什么事情，就做什么事情，一步步地积累，尽你最大努力，做好自己分内的事情。当有一天机遇到了，上天就会来帮你，别人也会来帮你了，就像苏珊的故事一样。

奇迹就是在我准备妥当的时候所出现的机会。机会是别人提供的，或是外在条件决定的，但准备妥当与否则操之在己。认清自己，充实自己。上天总是把机会给那些已经准备好的人，就好像箭在弦上，等到顺风来时，一旦射出去，便可以直指靶心。

成熟女人不仅要"富"更要"贵"

成熟女人最完美的境界是，不仅家庭、事业双丰收，还应在精神上有所追求——实现了"富"，再在"贵"上下功夫。

案 例

几年前，白岩松从美国回来后，他曾说道："当下的中国处在欲望占据上风的发展阶段，我们的人性处在退步的阶段；当下的中国如同一个暴发户一样，在消费自己国度的未来。"他讲的是一种非常普遍、让人痛心的现象。 在中国，许多富裕的人被物欲奴役了心灵，处在用物质的满足来奖励生活、显示生命意义的阶段。许多人以为住豪宅、开高档车、打高尔夫球，生活讲究气派、奢侈、养尊处优就是贵族生活。实际上，这是暴发户的行为方式，是形式主义的贵族生活。

"贵"不是指生活做派的附庸风雅，而是指人格的高贵，人品的高尚，人性的完美。"贵族"更注重的是精神世界的富足，对现实世界的关注和对未来完美世界的建设。富是物质的，贵是精神的。富裕的人并不一定贵，而贵的人不一定富有。心中无缺叫"富"，被人需要叫"贵"。

我从三个方面来诠释"贵"的定义：
对自己：重视责任、荣誉、品德、尊严、克己、自律、有追求、有信仰、生活简单。

对别人：尊重他人、关爱他人、宽厚仁慈，悲悯情怀、敢于担当、利他。

对社会：有强烈的社会责任感，懂得奉献自己，成就他人，完成使命，创造更多的社会价值。

"富"或许来自祖业的传承，或许来自自身的奋斗。而"贵"体现在深厚的文化教养和对社会的担当。深厚的文化教养来自学习，向优秀的人学习，向品格高尚的人学习。富不学，富不长；穷不学，穷不尽。学习后还要付诸行动，赢在学习，贵在改变。星云大师说过："学而能用是真学，知而能行是真知，真学真知才是智慧。"

"贵族"更注重的是精神世界的富足，对现实世界的关注和对未来完美世界的建设。所以，当生命中不合理不公正事件的发生时，我们要有一种悲悯的情怀，竭尽所能的去改变它。

寻找生命中的亮点

人常说知足常乐，但是我们认为女性不应该满足于眼前的成就，在心态上享受满足的感受，在行动中寻找下一个生命中的亮点。

很多同学不理解，我什么都不欠缺了，为何还这么辛苦地到处奔波去各地讲课？我告诉他们："每个人对事业的追求分几个阶段，一个叫职业，一个叫事业，最后还有一个叫志业。赚钱谋生就是职业，赚钱成名就是事业，但是当事业达到一定阶段的时候，你还可以奉献自己，成就他人，完成使命，创造价值，这就是志业。这正是我现在所做的事情。

案　例

非洲索马里有一个女孩叫瓦利斯·迪里。在索马里有一种陋习，就是在女孩子很小的时候把她的阴核割掉。瓦利斯·迪里在5岁时，就被母亲拉着让一个巫师把阴核割掉了，这给她的身心带来了极大的摧残和伤害。

后来在她13岁左右，她的父亲要以5匹骆驼的代价把她嫁给一个60岁的商人，她非常不情愿。恰巧她的姑妈要跟着姑父到英国去当外交官，她就跟姑妈、姑父说："可不可以让我当你们的女仆，跟着你们一起出去？"姑妈看到她乖巧可爱，就答应了。

到了英国之后，她一直在姑妈和姑父的身边。等姑父的任期到了，又要回到索马里，她就故意说把护照弄丢了，不能出境了，结果她就这样留在了英国。后来一个摄影师发现她的身材完美，便请她当模特，她也因此成名。

她做模特有了足够的物质财富之后，便去做了生理矫正的手术，随后她还结婚生了孩子。按理说一个已经有家庭、有儿女，又在发达国家有成功事业的女性应该很幸福了，但她并未因此而满足。

因为当年她在身心上受到了很大的摧残。在她35岁那年，瓦利斯·迪里又回到了索马里寻根，她帮助修建了一些学校和医院，告诉大家这种陋习的弊端。她说："我跑遍了整个非洲，就是要告诉别人，要把这种'割礼'的陋习破除掉！"

她为了推广这件事，到处去游说，在一些公开场合，别人问她受到了怎样的伤害，她说："我每一次讲到我幼年时所受到的伤害，在提到我的性器官时，就好像说到我的手指被割到一样平常！"一个年轻的女性在大庭广众之下讲到自己最隐私的地方，是多么尴尬的一件事。但她认为："如果能够因此挽救一些女孩子不再受到这样的伤害，我个人的隐私又能算得了什么呢？"

应该说这样的女性很伟大，她虽然已经名利双收，但是还能想到祖国的同胞姐妹，也就是她有梦想，有追求，这梦想与追求不仅是精神上的支柱，也是她追求有意义生活的动力。

能够正确地认识自己，是一种理智的胜利；能够努力地超越自己，是一种人生的成熟。

瓦利斯·迪里不满足于过去的成就，她不断地寻找生命中的亮点，不断超越自己，还去关怀社会中的弱势群体。她是一位既有独立思考能力，又有强烈的社会责任感、放眼世界的胸襟和时代关怀的优秀女性，也是非常值得我们学习的榜样。

Chapter 10

女人善理财
更旺夫

女人自我成长的方法就是要多充实自己的脑袋和口袋，

宁可口袋空空，也不能脑袋空空。

心中无缺叫"富"，被人需要叫"贵"。

你自己增值，婚姻更保值

台湾地区有一位知名人士曾在他的回忆录中写道："妻子给了我一切，包括稳定的生活、儿女，唯一不能给的就是青春，于是我去找自己的'第二春'。"这种说法足以给女人一个警讯：为什么女人越老越不值钱，男人却越老越有魅力。

女性在恋爱时是高傲的，结婚后，随着时间的推移，很多时候女性开始失去安全感。相反，男性在外面见多识广，阅历的增加让他们开始拥有更好的社会地位、更多财富，这种经过积淀的魅力也会让一些年轻女性趋之若鹜，而女人却不是这样的。

好在已经达成共识的是，有智慧的女人会更吸引人，因此女人自救的方法就是要多充实自己的脑袋和口袋，宁可口袋空空，也绝不能脑袋空空。有了脑袋才有口袋，不能只靠年轻时拥有的美貌。瑞典有格言说："我们老得太快，但聪明得太迟。"在理财方面，女人要尽早多懂得一些。"财"貌双全的女人有可能替自己的婚姻买一个"天长地久险"。

一般说来，女性有三种：败夫、帮夫、旺夫。

败夫的女人只会花丈夫的钱，而对丈夫的事业毫无帮助。大家所熟知的一位香港明星的前任妻子，就是很典型的例子。她爱用名牌，生活奢侈，结婚没几年，就花光了丈夫高额的积蓄，被媒体戏称为"败金女"，最后丈夫宣告破产，婚姻自然也以离婚收场。

帮夫的女人也只是协助丈夫的事业，而不能有创造性的提升。例如，夫妻俩相守到老，守着一个小摊子、一个小店面，一个切肉一个卖肉，一个进货一个卖货。一辈子没兴旺过，也没失业过，只是每天平平凡凡地重复过日子罢了。

旺夫的女性则能够以自己的智慧，在经济理财上，提出主导性的建议及运作，使丈夫的事业更上一层楼。

案 例

在台湾地区南部有一位知名的企业家，婚前他和几位朋友经营小规模的建筑企业，认识了另一家公司的售楼小姐。就在他们准备结婚时，他的小公司因为一张支票周转不过来，被朋友拖垮了。他非常沮丧，认为未来不能给女孩幸福的保障，就不想结婚了。但是这位女孩并没有离开他，依然在他身边给他支持和力量，延后了半年依然和他结婚了。

婚后她努力地协助丈夫东山再起，凭借在工作中学到的知识和经验，再靠着贷款和仅有的一些积蓄，她买下了一间地点不错的小房子，舍不得自己住，而是以很好的价钱租出去，再以租金的一半付贷款，一半贴补自己的房租。在她缜密的规划下，5年后他们开始看第二栋房子，依然不是自己住。在不到10年内他们用两栋房子换来一小块地，然后开始和朋友合建……

现在，20年过去了，他们不但有了自己的办公大楼，还有好几十位员工。前一两年，他们所营建的一栋建筑物因质量优良，而荣获台湾地区一项大奖。事业有成的他常常和朋友说："若不是我老婆，我绝不会有今天。她不光有眼光，会选择我，也会选择房子，更重要的是她会理财。"

一位平凡女子，因为有理财观念，不仅兴旺了丈夫的事业，也兴旺了自己的人生。所以女性能够懂得理财，对婚姻生活有很大的正向提升的功能。

不要成为"月光女神"

有人说："婚前女人花钱，是因为男人让她高兴；婚后女人花钱，是因为男人让她不高兴。"所以女人开心时shopping(购物)，不开心时也shopping，因而使许多年轻人常年成为"月光族"（月月花光），甚至"半月光族"（上半个月就花完整月薪水）。许多商家都懂得：掌握了女人的心理就掌握了消费市场，女人的钱最好赚。信用卡方便了女人的过度消费，也使现代女性三高（学历高，收入高，身材高），很容易变成另类三高（消费高，负债高，失业率高）。

美国密歇根大学教授克鲁格研究表明，男人和女人的不同购物方式是人类在漫长的进化过程中逐渐形成的。他认为，在远古时代男人和女人的分工很明显。男人在外出打猎之前，总是要提前决定好他们的猎物是什么以及如何将其杀死并带回家中，而女人则主要是到野外寻找可供食用的水果、蔬菜等。正是这种分工最终导致了现代人类男女购物方式的不同。

这一发现将有助于男人理解为什么女人那么喜欢逛街与购物并宁愿为此花费大量时间与精力，同时也有助于女人理解男人不喜欢陪她们购物的真实原因。

　　还有一种社会现象是：男人希望拼命赚钱，而有些女人只想找个有钱的老公，这就是大家最常说的"男怕选错行，女怕嫁错郎"，女人干得再好也不如嫁得好。这些观念道出了女人向往不求诸己、依赖他人的心理。有很多女人认为嫁入豪门就可以享受荣华富贵、衣食无忧了，其实这类女性也有自己的苦衷，真正幸福者并不多。因此，女人早晚会发现，还是依靠自己才能拥有最有保障的未来。

　　　正确的财富观会造就不同的人生。金钱是种力量，让人独立自主，不用依靠别人。对于女人，理财首先要降低购物的欲望，只进行有目的的消费。而且花钱应该是花你钱包里和账户里的钱，而不是花你未来可能赚到的钱（信用卡消费就是花未来的钱），因为这是负债的开始，也是不自由的开始。

学会理财是家庭必修课

理财绝不是一时的冲动，也不是投机取巧，更不是凭借运气，而是每个人通过学习和实践都可以掌握的一门学问。

我们经常在电视节目及专业书籍中看到关于家庭理财的内容，所以我在这里不多做赘言，只把一些我个人关于家庭理财的理念及体会与大家分享。

案 例

一次，我被请到一个论坛上做嘉宾，谈论"家庭理财"的话题，组织者除了邀请我之外，又邀请了另外两位男士。在台上的时候，主持人问两位男士："家中理财是谁说了算？"一位男士说："我家是老婆说了算。"另一位男士则表示："我家是我说了算。"

这两位男士因此争论起来，我仔细聆听一段后发言说："我觉得你们两位好像在说两码事儿。因为家庭理财应该分为三个部分，消费理财、保障理财和投资理财。刚才说家庭理财是老婆说了算的这位男士，你可能是在讲消费理财的领域，如何花钱花得省、花得妙、花得精，量入为出，通常都是女性说了算为主，而那位说自己在理财上有更多话语权的男士，是指保障理财和投资理财的领域吧！"

投资自己是最棒的赚钱方法

你会赚钱，但不一定会花钱。你赚的钱不多，自认为"无财可理"，于是赚多少花多少。但你有没有想过：一旦失业怎么办？退休后我们的生活可能还要维持原来的水准，而由于医疗费的增加，支出水平只会比原来更高，到那时你又该怎么办？

中国有句古话——"富不过三代"，意思是说即使再富有的人，最后也常常因为挥霍钱财而失去财富优势，甚至变得穷困潦倒。这句古话在今天仍然如此，摩根银行的调查显示，全球大部分超级富豪在过去20年里都不能守住巨额财富，"败家率"高达80%。富翁破产的原因，除了财富巨大增加了管理难度之外，更重要的是缺乏使自己财产保值增值的方法，而且，他们花钱大手大脚惯了，"由俭入奢易，由奢入俭难"，随意挥霍金钱，最终导致破产。

世界拳王迈克·泰森，在20年的职业生涯中聚敛了4亿美元左右的财富，曾经一场比赛的出场费就高达3000万美元，但他还是陷入了经济危机。当他在2004年申请破产时，他的负债高达2700万美元，包括1300万美元的税收欠款，以及一根未付款的缀满钻石的金链子。而在宣布破产之前，他每月的生活花费高达40万美元。

普通人也面临消费理财的问题，而且理不理财，结果是天壤之别。

案 例

小王和小李，我们姑且这样称呼同在一家公司上班的两个年轻人。她们同一年大学毕业，同时领到第一份薪水，而且薪水水平都差不多，月收入在3500元左右。两个人都出身工薪家庭，即父母都有工作，自己赚的钱不需要上交父母，但父母也无法在资金上过多支持他们。

不同的是两个人的消费理财观念差之千里。小王算是新人类，很懂得享受生活，追逐时尚，喜欢电子产品、新潮衣服和高档餐饮。喝咖啡常去星巴克，手机一年换一个，和朋友吃饭全是"下馆子"。

小李则截然相反，她很少到外面餐馆吃饭，不是到食堂吃，就是到父母家中"蹭饭"，手机用了三四年才淘汰，衣服更是穿旧了才换新的，一年也添置不了几件新衣服。

五年下来，小王的存折上还是当月工资，小李因为把能省下的每分钱都存进了银行，存款已经十万元有余。小李将这笔钱投资在自己的教育上，脱产到大学读了MBA，学成后跳槽到一家跨国企业，薪金是原来的5倍……至此，小王和小李两个人的事业轨迹就完全不同了。

生活在今天这个时代的人，面临着诸多压力，虽然机会比原来多了，但并不代表成功就更加容易。要想成功，你需要具备各方面的素质，智商IQ、情商EQ，这是我们很清楚的两项基本素质。除此之外，还有一个财商FQ（financial quotient），即理财智商，代表你管理金钱的能力。它包括：你能否管理好现有的财富，能否利用这些财富为你带来更多收益，能否通过"以钱赚钱"使自己的财富增值，能否留住赚到的财富。当然还有一点不能忽视：这些财富能否给你带来幸福和快乐，而不是沉重的负担。

由上面的例子我们可以看出，理财并不只是有钱人的专利，钱少的人更需要理财。因为理财一方面要"开源"，另一方面要"节流"，自己所拥有的财富有限，才更需要花好每一块钱，更合理地安排和规划自己的支出，增加自己的理财知识，学习投资，尽量获得高回报率，使自己的财富增值。

少泡一次酒吧，少买一件不必要的衣服，少花一块可以省下的钱……理财就是一种生活方式的改变。因此，我们说理财本质上是观念问题，不同的理财观念代表人们不同的生活态度。

西方人的理财观念讲求"三三制"：即指家庭收入的1/3要作为消费理财，1/3作为保障理财（西方更注重保障理财），另外1/3作为投资理财。住房的开支是其中的平衡杆，调节这三者间的比例。

中国的"三三制"是这样的：家庭日常开支、强制性支出约为1/3，房屋按揭、个人债务、信用卡支出约为1/3，另外退休基金、教育基金、保险、紧急备用金、投资计划等约为1/3（将保障理财与投资理财合在一起）。实际上由于国内房价较高，住房按揭这方面的支出甚至达到家庭收入的50%甚至更高。所以"三三制"只能当作一种理想上的分配方式。

无论我们选择哪种"三三制"，只要遵守这一准则就会有所成效。所以我们所说的会理财不光是会省钱而已，还要学会按比例分配家庭资金，利用好它们，同时懂得以钱滚钱，运用多种方法帮家庭更有效地创造财富。

案 例

我有一个女友，她先生是一家美国跨国公司的专业技术人员，他们属于工薪阶层，收入不是很富裕，但是她很懂得理财。多年下来，他们与依赖投资致富的同龄朋友相比，一点也不逊色。

　　她就是严格地遵守上述所说的"三三制"，她平日居家生活非常简朴，每月会将收入中的一部分作为保障理财的支出，这些钱在年轻时为孩子作教育储备基金，现在则为养老保障进行储备。另外在投资方面，她考虑到短、中、长期的回报，并且非常注重控制风险，投资的品种也较多元化。她既有一部分的资金借贷给可靠朋友的企业充当流动资金，拿较高的固定回报，也有一部分资金投资稳定且收益较高的美国企业债券，另外还有一部分资金投资固定资产。

　　每个人都有许多梦想，这些梦想大多需要资金支持，否则它们只能停留在脑海里变成空想。因此，人们期望自己的财富不断增值以支持自己达成心愿，这是一个永无止境的人生过程。所以说，理财绝不是一时的冲动，也不是投机取巧，更不是凭借运气，而是每个人通过学习和实践都可以掌握的一门学问。

给你的未来最好的保障

　　我们不能预知未来，但我们可以预防未来，买保险就是预防未来最好的方式。但保险业在中国起步较晚，让所有人接受还存在一定的障碍，而西方人比起我们更注重保障理财。

　　实际上，我们会发现，生活需要精打细算，但人生的许多事情却不能计算，更无法用金钱来衡量，譬如我们的生命，对子女、双亲和配偶的情感以及我们的信仰和理念。今天我们要善于理财来安排未来的生活和未来的生命，这是非常必要的。

案　例

　　我认识一位朋友，她在三十岁左右的时候，由于意外，丈夫突然遇难，不仅留下了三岁的孩子，还有高额的房屋贷款，生活重担一下子压在了她一个人身上。她事后告诉我，最后悔的是当时没有买保险。所以任何不确定的事情都需要保险，如意外保险、人寿保险、健康保险和失业保险等。正像保险业的宣传用语所说的："保险不仅是今生今世的照顾，也是来生来世的承诺。"

在家庭中，给自己、配偶、孩子、父母甚至配偶的父母买保险，不仅仅是一种理财方式，还是一种更负责任的人生态度。对女性而言，当代社会最大的不确定性就是婚姻的不确定性，所以新婚夫妇不妨将买房、买车和买保险作为新婚的三大件。

同时需要强调的是，由于中国的保险市场起步较晚，很多时候还存在良莠不齐的状况，所以女性在进行保障理财的时候，一定要有所比较，选择适合自己家庭状况的保障方式。这需要先分析自身对保险的需求，要从职业性质、年龄、居住环境、家庭的结构与负担来考虑，这些因人而异。保险是一门专业的知识，通常要先向具有这方面专业知识的好友去征求意见，然后再通过保险专家和理财顾问对家庭的风险分析来进行诊断，用需求法来计算出购买人寿险的额度，按照评估法来测算应该购买健康险的额度，按照价值法来测算养老险的额度，这样的方式让你花较少的代价建立最合适最科学的保险保障体系。最后你就可以选择一家信誉可靠的保险公司来实行了。

买保险的原则：不能过度省吃俭用去买保险，通常以不超过流动资产15%为限，不要选在五一、十一、开学、过年等需要花钱的日子买。买保险的顺序：男人以保障为主，女人以理财为主；先买大人，再买小孩。

学会投资，别投机

"股神"巴菲特曾说过："什么叫作投资？投资就是在保有本金的情况下，如何使利润最大化。"但是正因为风险和投资的收益，有的时候是相呼应的。所以谈到投资理财，任何时候风险考虑都是第一位的，要安全第一，赚钱第二。金融危机前后中国股市的跌宕，让更多国人浅尝了投资理财的多种滋味，"入市有风险，投资需谨慎"也成为大家耳熟能详的理念。我认为，投资理财的原则是：要多看多学以开拓投资视野，提升投资理念，调整投资心态，精炼投资策略，提高投资效益。

美国人投资理财有几个特点：除了少部分人有专业知识及兴趣自己操作投资外，美国人通常都愿意找专业人士代为打理，因此大多数人均以基金投资为主，崇尚长期投资理念。过去美国人不关注储蓄，但十分重视保险，金融危机后，这种观念开始有了改变，居家生活中节俭与储蓄逐渐成了重要内容。

一般成功人士的理财习惯是，首先买一栋自己住的房子，决不拖欠信用卡债务，及早安排参与退休计划，善于总结分析投资成果或失败教训与不足，并且重视自我投资以提升自身的竞争力。

关于投资理财，还有一个重要观念与大家分享，即财散人聚，财聚人散。

案 例

我有一位朋友，十多年前在上海投资了一家企业，他只做投资者，不参与经营管理。他的总经理承诺说：第一年是投资年，第二年打平，第三年就开始盈利。这个总经理全力以赴地为这个企业作贡献，也完成了他当时的承诺。到第三年盈利时，我的朋友就开始赠送这位总经理股份，他们之间不仅是合作伙伴，关系也像兄弟一般。之后，我的朋友也赠送了一些股份给企业里的高级主管，现在这家公司不仅做得红红火火，而且还打算上市。这就是我们说财散了人就聚了。

但也有一些企业家觉得整个企业的财富都是他自己创造的，一直把钱抓在自己的手上，不愿跟别人分享，对员工及帮助过他的人斤斤计较，久而久之，周围人都失去了对他的信任，变得众叛亲离，事业的成功也就无从谈起，这就是财都聚在一个人手上时周围的人就都散了。

财富来之于社会，也要用之于社会，做企业一定要讲社会责任。我在讲到上市课程的时候，给学生们的指导是："如果有一天你的企业上市，有了很多财富，我希望你在一个适当的时机能够把绝大部分的财富都捐出来！"

美国的比尔·盖茨、巴菲特，香港的李嘉诚和霍英东以及台湾地区的郭台铭都是这方面的成功典范，他们都把财富中的80%或90%捐赠出来回馈社会。所以当一个人拥有相当多的财富，譬如一千万元或一亿元时，后面再多几个零，已经无关紧要，反而要注重前面的"1"，这个"1"代表的是健康，也是自由。

见好要收，见不好也要收

投资有风险，有了一定的收益之后，就应该见好就收，为人处世一样要遵循这个道理。举一个政界的例子，美国前总统小布什担任了一任总统后，四年的政绩不够出色。这样的总统如果懂得见好就收，尽管不会成为美国历史上最出色的总统，也一定不会是最差的。但他仍然辛苦地谋求连任，在他第二次竞选时，险胜了民主党派的戈尔，结果执政状况却更加糟糕。

小布什从2001年做总统做到了2008年，这七八年当中，美国的经济迅速滑坡。2001年的"9·11事件"，2002年出现了许多企业丑闻，2005年后经济严重失衡，2007年后出现了次贷危机，2008年9月又出现了金融海啸……这些都是在小布什任期内发生的事。美国曾有民意调查显示，过去50年美国最不受欢迎的总统是谁，结果小布什得了第一。他就是不懂得见好就收，才造成这样的结局。所以无论是投资或做人做事，要见好就收。

"见不好也收"是指投资有的时候会有失误，如果真的发现当初的投资有误，未来自己的利益会变得难以挽回，就要迅速决断，像壮士断腕一样"止损"，而不要撑下去，越陷越深，造成更大损失。

不光是投资如此，做人也是如此。我有一个学生跟他的合作伙伴合作了10年，当年共患难的人，后来不一定能共享乐，两人出现了太多的争执与不愉快，最后选择了分开，生活、事业都变得快乐得多。

所以我们与朋友，或者是合作伙伴，甚至是夫妻之间，都难免会发生一些矛盾。虽然我们的文化习惯于"劝人合，不劝人分"，但是如果实在没有办法弥补矛盾，相处很不愉快时，选择分开就是选择了幸福。生活中我们经常看到，许多不幸的婚姻勉强维持时双方都很痛苦，分开反倒解脱，所以投资和人生在某些时刻要懂得见不好也收。

不要成功得太早

张爱玲曾经说过"成名要趁早"，我个人不认同这个观点。人生是一个长期积累的过程。成功太早带来的弊端太多。从主观上来讲，太早取得成功，耀眼的光环、掌声和欢呼声容易让人迷失自我，产生自我膨胀的骄傲心态，往往会认为自己聪明过人，从而高估自己、低估别人、错估形势，最终制约其创造更辉煌的成绩的机会，很可能形成"在哪里站起来，又在哪里倒下去"的遗憾结局。

从客观上来讲，这是一个复杂多变、多层次的世纪，每个人都需要不断地学习，不断地成长，来应对千变万化的新形势和艰巨的挑战。太早成功后容易故步自封，丧失学习的动力，不再进取，结果可能造成成功的偶然，失败的必然。

在新形势下，国家虽然倡导"大众创业，万众创新"，但这必须有一个前提，就是在创业前要有一个扎实且优势互补的优秀团队。也就是一群有共同理想的人，既有坚定的脚步，有清晰的方向，同时又有文化的内涵，身旁还有经验丰富的导师指导，经过长时间的磨合，同心同德。拥有以上条件的团队才能去共同创业。因为当人年轻的时候，无论是资金技术的积累，或是阅历经验的积累都是有限的，这时创业不容易成功。也就是当你的才华还撑不起你的野心的时候，你就应该静下心来好好学习；当你的经济实力还撑不起你的梦想的时候，你就应该先踏踏实实去打工，不要着急创业。

好些年前，我在报纸上得知，在电视剧《红楼梦》中扮演林黛玉的陈晓旭患乳腺癌去世的消息。当时她扮演的女一号得到了亿万观众的肯定，这位女演员在《红楼梦》播出之后，事业如日中天时却远离了荧幕，就是因为过去的成就太高，造成心理上压力很大，让她感觉几乎无法再超越自己，所以弃影从商。

陈晓旭在从商后，经过十多年的打拼，创造出了一些成绩。然而事业虽然成功了，她自己却遗憾地失去了健康。

我有一位医生好友，她告诉我说：我们每一个人的身体里都有癌细胞，当身体免疫力好的时候，癌细胞就会被抑制住，如果身体状况不好，免疫能力下降，就无法抑制癌细胞的滋生。我猜想，陈晓旭很可能因为在艰苦的创业过程中，身心俱疲，免疫力下降，才在40多岁这样一个本应该事业蒸蒸日上的年龄却失去了生命。

因此，成功得太早会使人生起点太高，很难再超越自己。

不要失败得太晚

不要失败得太晚，是指人越到年纪大的时候，投资就越要谨慎。因为商场如战场，万般险恶。

案 例

这里我举一个和田一夫的故事。和田一夫是阿信的儿子。《阿信》是二十世纪八九十年代在中国最为流行的日本励志电视剧，阿信在年轻的时候经历过很多坎坷，早年卖菜时她就讲求诚信，后来事业逐步壮大，之后在其成功的基础上，阿信的儿子和田一夫创立了"八佰伴"。"八佰伴"在规模最大的时候，不仅在日本的东京上市，成为一个拥有数亿美元市值的公司，而且在大阪、名古屋、泰国的曼谷、中国的台北、香港、上海都有分公司。

忙碌中的和田一夫经常要到各地视察，就把总公司全部交给弟弟打理。结果他的弟弟做假账被人揭发了。上市公司做假账属于严重的犯罪行为，之后公司又没有做好危机处理，导致企业倒闭。和田一夫当初把自己所有的私人财产都抵押给银行，借贷的资金充当公司的流动资金使用，所以在企业倒闭的时候，他自己也变得一文不名了。

在1999年左右，他到上海成立了一家咨询顾问公司，一次电视访问时，主持人问他："和田一夫先生，您已经71岁了，还成立了公司，是准备东山再起吗？"他回答说："邓小平三起三落，在73岁的时候，再次成为中国的领导人，我把邓小平作为一个榜样！"主持人再问："您过去贵为一个上市公司的董事长，现在变成了一介平民，您最不习惯的事情是什么？"他说："过去有人给我开车，我坐在后面，到了目的地之后有人给我开门，手扶在车顶上等我出来。现在我们家只有一辆小车，我的太太开，我就坐在她旁边，每到一个地方时，我就习惯性的等着别人替我开门，结果我的妻子说：'还不下车？'这时我才意识到已经没有人给我开门了，我只好自己开门出去！"主持人继续发问："您现在成立这家咨询顾问公司的真正目的是什么？"他回答："日本这个民族是一个不能接受失败的民族，而一个不能接受失败的民族是没有明天的。"

对于一位年轻人，失败了还有很多机会，失败是长根的时候，成功才是长叶、开花、结果，正所谓失败是成功之母。史玉柱由于失败的时候尚年轻，后来他逐渐积累总结，直至东山再起，现在他的企业已经在美国纽交所上市，自己也成了中国的十大首富之一。所以年轻时失败算不了什么。

而在日本，从文化上看，日本的企业家在失败之后，或者远走他乡，或者自杀。据报道，日本每年自杀的精英有3万多人，这对于一个

女人的成熟
比成功更重要

国家、民族和家庭来说是极其不幸的。和田一夫的勇气令人敬佩。但遗憾的是，这么多年过去了，我们很少再听到关于他的消息。所以一个人不要失败得太晚，否则很难有翻身的余地。

尤其是到年岁大的时候，不仅投资要谨慎，交友也好，做事也好也要谨慎，否则一旦出了差错，就难有东山再起的机会了。